Début d'une série de documents
en couleur

FRÉDÉRIC SOULIE

LE

MAITRE D'ÉCOLE

Tome I

NOUVELLE LIBRAIRIE A. SOIRAT

146, RUE MONTMARTRE, 146

PARIS

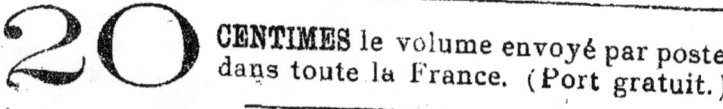 CENTIMES le volume envoyé par poste dans toute la France. (Port gratuit.)

ABONNEMENTS : 1 an, 10 fr. — 6 mois, 5 fr. 15. — 3 mois, 2 fr. 60

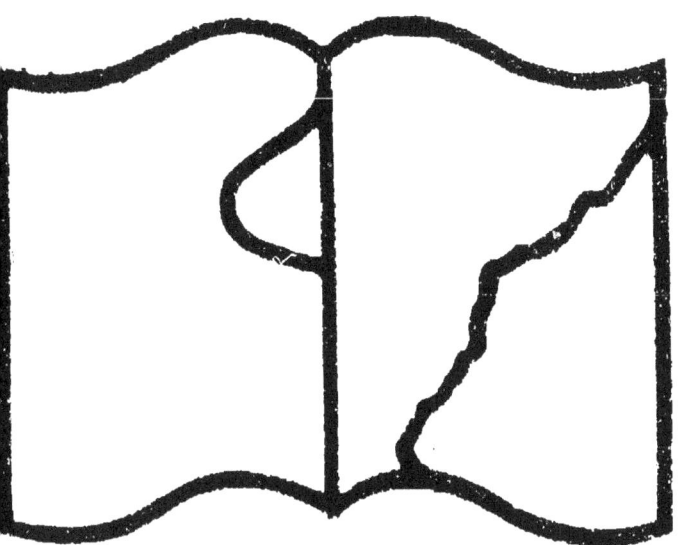

Texte détérioré — reliure défectueuse
NF Z 43-120-11

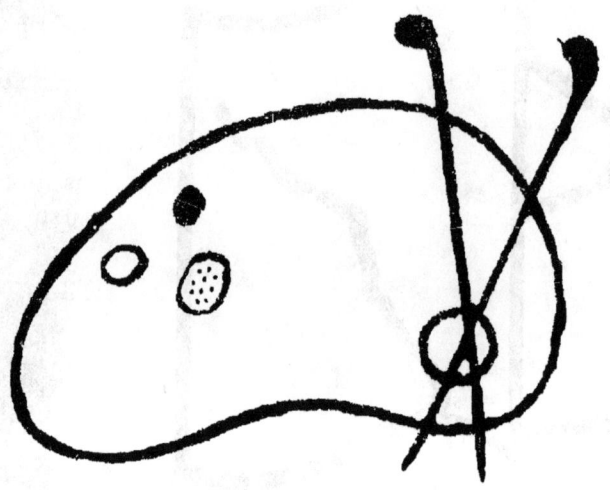

Fin d'une série de documents en couleur

BIBLIOTHÈQUE DU DIMANCHE

LE

MAITRE D'ÉCOLE

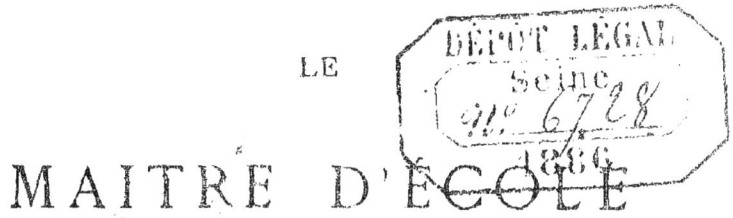

PAR

FRÉDÉRIC SOULIÉ

PARIS

N. BLANPAIN, DIRECTEUR

LE
MAITRE D'ÉCOLE

I

Sur la route de Lyon à Grenoble, on trouve un village assez considérable appelé Bourgoing; il est situé dans cette partie du Dauphiné où l'on sent déjà se mouvoir cet immense flot de terrain qui s'élève graduellement, et qui, d'ondulation en ondulation, arrive jusqu'aux Alpes les plus hautes.

C'est un pays qui n'est plus la plaine et qui n'est pas encore la montagne; déjà rude à l'œil et rebelle à la culture, il n'a pas encore ces sublimes beautés sauvages qui plus loin vous font oublier les bienfaits de la civilisation; c'est le milieu entre cette nature qui appartient tout entière à l'homme et qu'il revêt à son gré des moissons les plus diverses, et cette nature qu'il n'a pu vaincre et qui garde l'indépendance et l'éternité de ses sites incultes.

A une demi-lieue de Bourgoing, et toujours en allant du côté de Grenoble, on voyait, en 1814, à gauche de la route, une chétive maison posée de travers au milieu d'un misérable verger.

Quelque puérile que puisse être la prétention de certains observateurs à juger toutes choses sur les moindres apparences, il faut cependant reconnaître que l'extérieur de cette maison, ce qu'on en pourrait appeler sa physionomie, avait un caractère assez particulier pour être remarqué. Sa façade montrait au rez-de-chaussée deux croisées séparées par une porte. Au-dessus de ce rez-de-chaussée régnait un grenier mansardé, éclairé par une seule croisée et auquel on arrivait par un escalier extérieur dressé comme une échelle sur le flanc du bâtiment.

Lorsque la porte du rez-de-chaussée restait entre-bâillée, on voyait qu'elle donnait entrée sur un corridor qui traversait la maison dans toute sa profondeur, et qui, par conséquent, séparait complètement les chambres éclairées chacune par une des croisées. Sans pénétrer dans ces chambres, on pouvait facilement deviner combien le caractère des personnes qui les habitaient devait être dissemblable.

L'une de ces croisées était ornée de pots de fleurs soigneusement tenus; point de fleurs mortes pendant à la tige, point d'herbes parasites montant au pied ; on voyait qu'ils étaient arrosés, taillés, épluchés avec l'exactitude la plus minutieuse. Les vitres de cette croisée étaient nettes et brillantes, et laissaient voir des rideaux d'une blancheur irréprochable, tombant en plis d'une régularité parfaite.

L'autre croisée du rez-de-chaussée, au contraire de celle-ci, étalait un désordre et une malpropreté repoussante. Des bouteilles aux goulots ébréchés en garnissaient l'appui, et la plupart des carreaux à moitié brisés et réparés avec du papier cachaient mal les lambeaux d'un vieux rideau de damas jaune tout taché d'huile.

Quant à la croisée de la mansarde, elle était nue de cette parure et de ce désordre ; on n'y voyait ni fleurs ni rideaux sales ou propres ; on apercevait seulement, posée devant cette fenêtre, une table chargée de livres, avec quelques cahiers de papier, et au fond du grenier un grabat et une chaise.

Tous ces petits indices extérieurs ne disent pas sans doute ce qu'étaient les habitants de cette maison ; mais, lorsqu'on savait qu'elle était occupée par une vieille femme, sa fille et son fils, on s'étonnait que l'ordre et la propreté qui régnaient dans la chambre de la fille n'eussent pas pénétré dans celle de la mère, et que l'espèce de confortable que possédait la sœur fût refusée à la pauvre mansarde du frère.

Il est donc nécessaire de dire quelles étaient ces trois personnes.

En 1793, et tout près de Grenoble, des paysans ramassèrent dans un fossé une pauvre femme évanouie portant dans ses bras une petite fille d'un an tout au plus. Cette femme pouvait avoir vingt-cinq ans et était d'une beauté remarquable; ses habits misérables eussent pu faire croire qu'elle appartenait à la classe la plus pauvre du peuple, si la blancheur de ses mains et la délicatesse de ses pieds n'eussent montré qu'elle n'était point faite aux rudes travaux qu'impose la misère.

Du reste, on ne put savoir quelle était cette femme ni d'où elle venait ; car, lorsque ces paysans l'eurent rappelée à la vie, ils s'aperçurent qu'elle était complètement folle. On fut obligé de lui arracher son enfant qu'elle voulait tuer : bientôt la petite fille fut placée dans un hospice où elle reçut le nom de Rosalie, et cette femme fut enfermée dans la maison des fous et inscrite sous un numéro qui devint son nom : on l'appelait le numéro 101.

Cependant, au bout de quelque temps, on s'aperçut que cette femme était grosse, et en effet, au bout de neuf mois elle accoucha d'un garçon, qui fut placé comme sa sœur dans la maison des orphelins, sous le nom de Brutus (on était en 1794). On réintégra cette femme dans l'hospice des aliénés, et il ne fut plus question de ces trois individus pendant une dizaine d'années.

Cependant, au commencement de l'Empire, lorsqu'on organisa les lycées en régiments, l'hospice des orphelins proposa au proviseur de lui céder le petit Brutus pour en faire le tambour de sa troupe d'écoliers. L'arrangement fut accepté, et Brutus fut admis en cette qualité au lycée de Grenoble.

L'existence du pauvre Brutus fut dès cette époque une longue et rude épreuve. Il semblait que ce ne fût pas un enfant comme les autres, un être humain qui devait vivre selon la loi commune; c'était, pour ainsi dire, une chose, un meuble appartenant au lycée. Chacun s'en servait, maîtres et écoliers, selon ses besoins ou son caprice, battu et raillé par les enfants, puni et menacé par les supérieurs.

Dès l'abord il avait essayé de résister à cette tyrannie brutale des uns et des autres; et, dans les combats à coups de poing qu'il avait soutenus contre les grands, et les représentations justes qu'il avait portées jusqu'au proviseur, on avait pu reconnaître dans cet enfant une nature courageuse et une raison qui n'admettait pas sans discussion un traitement non mérité.

Mais peu à peu tout cela avait cédé devant l'implacable méchanceté des écoliers et le froid abandon de ceux qui ne se faisaient ses juges que pour le condamner.

Brutus en était donc arrivé, à l'âge de quinze ans, à se considérer lui-même comme on le considérait, et le pauvre souffre-douleur regardait comme des jours heureux ceux qu'il passait sans être battu ou sans être mis au pain sec et à l'eau. Il ne se défendait plus, il ne raisonnait plus.

La seule chose qu'il eût gagnée au lycée, c'était une sorte d'instruction bâtarde, mêlée de français et de latin, une assez bonne écriture et un véritable talent sur le fifre et le tambour.

Parmi les grossièretés dont Brutus était poursuivi, celle qu'on lui épargnait le moins était de lui reprocher l'état de sa mère, toujours enfermée dans la maison des fous. L'enfant, à qui toute affection manquait au monde, en avait cherché une près de cette femme et ne l'avait pas trouvée là plus qu'ailleurs.

Ce n'est pas que cette mère fût assez privée de tout souvenir pour méconnaître son fils, elle se rappelait les circonstances de son évanouissement sur la route, celles de son accouchement; elle ne niait pas que Brutus fût son fils, mais elle le détestait, et lorsqu'il venait lui parler, elle le traitait avec un mépris cruel ou s'obstinait à ne lui point répondre.

Cette haine pour son enfant ne pouvait non plus être considérée comme un résultat de sa folie, car elle avait pour sa fille Rosalie l'affection la plus passionnée, et toutes les fois que celle-ci venait voir sa mère, c'étaient des transports de joie si bien sentis, de sages conseils si bien donnés, des questions si tendres sur son état, qu'on eût vraiment douté que cette femme pût tomber bientôt après dans les divagations les plus étranges et faire les actes de la plus absurde folie. Du reste, elle n'avait gardé aucun souvenir de ce qui avait précédé son évanouissement sur la route de Grenoble, et quand on la questionnait à ce sujet, elle prenait un air étonné, comme si elle n'eût pas vécu avant cette époque.

Quant à Rosalie, elle avait appris ce qu'on enseignait alors dans les hospices. Elle savait lire et écrire, et était la meilleure ouvrière de Grenoble. C'est ce qui l'avait fait demeurer à l'hospice, où elle avait été attachée à la lingerie, tandis que son frère, qui avait atteint dix-huit ans, avait passé de l'état de tambour à celui de *chien de cour* ou de *pion*, comme disent les écoliers.

Un hasard heureux l'avait sauvé de la conscription, et la Restauration le trouva surveillant la classe des élèves de septième, toujours malheureux, toujours bafoué, toujours triste et morose.

Ce fut à cette époque qu'il se fit un notable changement dans l'existence de Brutus.

L'aumônier du lycée, vieillard de soixante-dix ans, préféra avoir des ouailles plus attentives qu'une troupe turbulente d'enfants ; il demanda et obtint la cure de Bourgoing. M. Dulong, c'était son nom, avait pris depuis longtemps Brutus en pitié, et il montra cette bienveillance pour lui, en arrachant le pauvre diable à la vie de supplices qu'il menait.

Le vieux curé avait résolu de doter sa commune d'une école primaire ; et comme son grand âge ne lui permettait pas de remplir les fonctions d'instituteur avec la régularité nécessaire, il avait appelé Brutus près de lui comme suppléant. C'était une bien pauvre existence que celle qu'il lui offrait, mais toujours valait-elle mieux que sa position précaire au collège.

Le recteur de l'académie avait alloué à Brutus cent cinquante francs et un diplôme de capacité ; la commune avait fourni sa quote-part au salaire de l'instituteur en le logeant gratis dans la maison dont nous avons parlé plus haut, à la charge par lui de la tenir en bon état, ce qui représentait par an un loyer de soixante francs et quatre-vingts francs de réparation. Enfin, le revenu de Brutus se complétait avec la rétribution payée par les garçons et les petites filles, et qui était de vingt sous par mois, dont dix sous étaient affectés aux frais de l'école attenante au presbytère, et dix sous aux appointements de Brutus. En somme, tout cela pouvait constituer une place de trois cent cinquante francs.

Ce fut avec ces faibles ressources que ce jeune homme se décida à retirer sa mère de l'hospice où elle vivait depuis vingt ans, et à appeler sa sœur près de lui.

Il lui semblait que l'accomplissement de ce

devoir sacré obtiendrait sa récompense dans le bonheur qu'il trouverait au sein de sa famille ; mais il ne lui avait pas fallu beaucoup de temps pour se désabuser.

Sa mère lui témoignait une aversion qui ne faisait que croître tous les jours, quoique les transports de sa folie se fussent changés en une sorte d'idiotisme morne.

Quant à Rosalie, c'était une belle jeune fille d'une nature hautaine et décidée, qui avait pris de prime-abord le commandement de la maison, et qui disposait sans contrôle, non seulement de tout ce qu'elle gagnait, mais encore de tout ce que gagnait Brutus, qui n'en détournait pas un sou à son usage.

Ainsi Rosalie avait fait meubler et arranger sa chambre de la manière la plus coquette qu'elle pût imaginer dans sa pauvre position ; puis elle avait logé sa mère, en lui procurant quelques vieux meubles en étoffes jadis brillantes, ce qui ravissait la vieille folle.

Quant à Brutus, on l'avait relégué au grenier, avec une couchette, une table et une chaise. Peut-être, si on lui eût fait bonne mine, ne lui en eût-il pas fallu davantage ; mais, à l'heure des repas, on l'excluait de la table sous prétexte que sa présence empêchait sa mère de manger. On lui mettait sa part, viande, soupe, légumes pêle-mêle dans une assiette avec un chiffon de pain, et le pauvre garçon allait dévorer sa pitance dans le verger quand il faisait beau, ou le plus souvent dans son grenier ou dans le corridor.

Nous n'avons pas besoin de dire que les bons morceaux n'étaient pas pour lui, et ces morceaux n'étaient pas toujours assez largement coupés pour l'appétit d'un jeune homme de vingt ans, d'une taille de cinq pieds six pouces et d'une carrure herculéenne. Ils étaient d'autant moins suffisants que Brutus avait un commensal particulier auquel lui seul accordait quelque pitié.

Ce commensal était un chien.

Ce chien, Brutus l'avait trouvé errant sur la route, maigre, pelé, hagard; des enfants le poursuivaient à coups de pierres. Brutus l'avait sauvé de leur fureur et avait emmené le chien dans sa maison, et depuis deux mois il était son seul ami et le seul compagnon de ses longues promenades solitaires.

On s'étonne quelquefois de l'affection des hommes pour les chiens; mais elle nous semble bien naturelle. Quand nous avons du chagrin ou de la joie dans le cœur, notre meilleur ami discute notre chagrin ou raisonne notre joie. La consolation la plus commune qu'on donne aux infortunés, c'est d'essayer de leur prouver qu'ils ont tort de souffrir et qu'ils manquent de courage ou de résignation; la félicitation la plus sincère a toujours une restriction où l'on vous avertit de ne pas croire trop facilement à ce qui vous rend heureux. Le chien, au contraire, est un écho fidèle qui vous répond juste selon l'état de votre cœur. Si vous êtes triste, il est triste ; si vous êtes joyeux, il est joyeux ; il n'accuse ni ne conseille, il sent comme vous sentez, et vous aime comme vous êtes et non comme vous devriez être.

Or le chien de Brutus était cela pour son maitre, celui qui le suivait partout et qui venait toujours à sa voix, empressé et soumis.

Comme on doit aisément l'imaginer, celui qui était le favori de Brutus devait être détesté de la mère et de la sœur du jeune homme, et le pauvre animal l'avait si bien compris, qu'il ne rentrait jamais à la maison avec son maître; il attendait à une certaine distance, puis il tournait autour du verger fermé d'une haie; puis, quand il croyait pouvoir passer sans être vu, il courait en toute hâte vers la maison, gravissait en deux bonds l'escalier de la mansarde, et allait se coucher sous le lit.

Du reste, le nom du chien avait quelque chose de particulier comme celui du maître. L'animal était borgne, et Brutus avait employé le peu qu'il savait de son histoire romaine à donner à son chien le nom d'un des plus fameux héros de l'antiquité, à qui une infirmité pareille avait valu le surnom de Coclès. Donc le caniche de Brutus s'appelait Coclès, comme l'Horatius qui défendit seul le pont du Tibre contre les soldats de Porsenna.

Quant aux deux femmes, dont l'une n'avait point de nom et dont l'autre ne s'appelait que

Rosalie, on s'accoutuma peu à peu à leur donner le nom de celui qui semblait le chef de la famille, et la vieille folle était connue dans le pays sous le nom de la mère Brutus, et sa fille sous celui de mademoiselle Rosalie Brutus.

Maintenant que nous avons suffisamment dit quels étaient les personnages qui demeuraient dans la maison qu'on voyait à gauche de la route, il faut nous occuper de l'autre côté.

Précisément en face de la chaumière de Brutus se terminait le mur d'un parc qui s'étendait à plus d'un quart de lieue le long de la route, et qui remontait de même dans les terres jusqu'au sommet d'une petite colline sur laquelle était situé un château de la plus belle apparence.

Ce château appartenait au comte de Lugano, sénateur de l'Empire, ex-conventionnel, et jouissant, disait-on, d'une fortune très considérable, surtout en sa qualité de tuteur de mademoiselle Van Owen, sa nièce, fille de sa sœur, morte depuis dix ans, et de M. Van Owen, fournisseur du bon temps, qui avait laissé à sa fille Paméla un héritage colossal.

M. le comte de Lugano, qui devait ce titre à la munificence impériale et qui l'avait accepté avec d'autant plus de reconnaissance qu'il lui servait à faire oublier un nom odieusement célèbre dans la Révolution, n'avait presque jamais habité son château de la Sapinière durant tout l'Empire ; mais, en 1814, il avait cru prudent de s'éloigner de Paris, où sa qualité de régicide l'avait fait exclure de la nouvelle Chambre des pairs, malgré ses talents administratifs. Depuis le mois de mai, il s'était établi à la Sapinière, avec sa nièce Paméla et son fils Hector de Lugano, ex-auditeur au Conseil d'Etat, jeune homme de fort bonne mine, et qui avait acquis à la cour impériale cette fatuité que donnent les succès faciles, succès qui ne lui avaient pas manqué, grâce à la pénurie de beaux hommes et d'hommes aimables causée par les guerres de Napoléon, qui les emmenait presque tous à ses armées.

Il ne semblait pas que les moindres relations pussent s'établir entre cette famille si opulente et celle de Brutus ; mais le hasard en décida autrement.

La propriété de la Sapinière était régie, en l'absence du comte de Lugano, par un intendant dont la maison était située dans le parc et assez près de la route.

Ce régisseur avait deux fils, bambins de huit à dix ans, fort laids, très méchants, louches et bossus. Leur père ne voulait pas les envoyer à l'école du village où on les poursuivait des plus cruelles railleries, lorsqu'ils n'étaient pas exposés à quelques mauvais traitements de la part des petits paysans, qui vengeaient quelquefois sur les enfants les rancunes de leurs pères contre la rigidité de M. Langefay, l'intendant. Celui-ci avait donc prié Brutus de venir donner des leçons particulières de lecture et d'écriture à ces deux charmants marmots, et le maître d'école avait trouvé que c'était pour lui une bonne fortune incommensurable, car M. Langefay ne lui avait pas offert moins de six francs par mois pour ses bons soins ; et encore arrivait-il à Brutus d'attraper, par-ci par-là, une place à la table de l'intendant, lorsque celui-ci était en humeur de faire une partie de dames ou de dominos.

Mais peut-être tout cela n'eût-il point suffi pour rapprocher le richard du misérable sans une circonstance bien méritoire.

En partant de la maison de Brutus, il fallait, pour arriver au château, longer tout le mur du parc en entier pour aller retrouver la grande avenue, puis traverser le parc en entier pour revenir à la maison de l'intendant. Celui-ci avait abrégé ce long trajet en donnant au précepteur de ses fils, comme il l'appelait, la clef d'une petite porte qui ouvrait du parc sur la route, en face de la demeure de Brutus, qui ne pouvait donner ses leçons que le soir, quand il en avait fini avec ses écoliers publics.

Or, un soir de juin 1814, le comte de Lugano se promenait seul dans la partie la plus reculée de son parc, il passait devant cette porte qui ouvrait sur la route, lorsqu'il entendit introduire une clef dans la serrure ; il vit ouvrir la porte et immédiatement il se trouva en face de Brutus.

Quoique le comte de Lugano fût déjà un

homme assez âgé et usé par les plaisirs du monde, et surtout par les travaux, il n'éprouva aucune crainte en se voyant, lui faible et chétif, en face d'un homme dont l'apparence eût paru redoutable à des hommes jeunes et vigoureux. Mais il n'en fut pas de même de Brutus : à l'aspect de cet éminent personnage, il se sentit pris d'une frayeur et d'un embarras si comiques, qu'ils appelèrent un sourire sur le visage sec et sur les lèvres minces et arides du vieux sénateur.

— Qui êtes-vous? lui dit le comte d'un ton sévère.

— Je suis Brutus.

Le comte fronça le sourcil.

— Qu'est-ce que c'est que ça, Brutus?...

— C'est moi, monseigneur.

M. de Lugano se reprit à rire et lui dit d'un ton plus bienveillant :

— Mais que faites-vous, et pourquoi entrez-vous dans mon parc par cette porte?

Ici Brutus commença un récit fort embrouillé pour expliquer ce que nous avons dit plus haut. Il parlait toujours; mais le comte ne l'écoutait déjà plus, il semblait réfléchir et arranger un projet dans sa tête.

Tout à coup il interrompit Brutus et lui dit :

— Donc vous avez une bonne écriture?

— Oui, monseigneur.

— Vous savez l'orthographe?

— Oui, monseigneur.

— Eh bien, venez me voir demain à sept heures du matin, je vous proposerai peut-être quelque chose qui vous conviendra.

Le comte s'éloigna, Brutus resta immobile, et se hâta d'aller chez l'intendant pour lui faire part de sa bonne fortune.

II

Le lendemain de ce jour, dans un salon du château de la Sapinière, mademoiselle Van Owen et M. Hector de Lugano, assis chacun de son côté, se livraient à une rêverie inspirée par un sentiment commun; ils semblaient tous deux s'ennuyer à périr.

Paméla prenait et quittait en bâillant un travail de broderie, tandis que son cousin parcourait quelques journaux qu'il rejetait avec impatience sur la table. Du reste, il ne s'occupait pas plus de Paméla qu'elle ne s'occupait de lui ; bien que jeunes et beaux tous deux, ils n'avaient rien à se dire.

En effet, ils étaient tellement sûrs de s'appartenir l'un à l'autre, qu'ils ne prenaient pas le soin de se plaire et de se mériter ; leur union, arrêtée depuis dix ans, devait s'accomplir dans deux mois, dès que la future aurait seize ans révolus, et si elle soupirait quelquefois tout bas en trouvant ce délai bien long, c'était en pensant à son mariage et non pas à son mari. Quand elle avait quitté le pensionnat pour suivre le comte à la Sapinière, elle avait d'abord accepté ce changement avec joie, espérant tous les plaisirs qui dans le monde font cortège à la jeunesse et à la beauté; mais ceux qu'on trouvait à la Sapinière étaient si tristes, qu'à peine avait-elle cessé d'être un enfant, qu'elle désirait devenir femme, et cela pour un seul motif, pour ne pas s'ennuyer comme elle s'ennuyait entre son oncle et son cousin.

Cette disposition d'une fille de seize ans n'a rien de bien extraordinaire, tandis que l'indifférente fatuité de M. Hector de Lugano était véritablement très remarquable; non pas en ce sens qu'elle eût un caractère particulier et original, car il n'avait qu'une fatuité commune, mais elle était si énorme qu'elle le faisait distinguer.

Il en était de sa fatuité comme de ces hommes d'un visage vulgaire et d'une tournure sans grâce, mais que les âmes rêveuses appellent de beaux hommes parce qu'ils ont cinq pieds onze pouces ou six pieds. Ainsi, ce monsieur était si sûr de plaire et de triompher, qu'il s'était trouvé de pauvres femmes qui s'étaient rendues tout de suite sur parole, comme s'il eût été inutile de se débattre contre cet invincible Lovelace.

Nous sommes bien fâché de le dire à ces dames; mais, près d'elles, il y a mille à parier pour un fat en rivalité avec un galant homme.

Ce n'est pas que les hommes soient plus exempts qu'elles de cette niaise crédulité, et entre le talent modeste et la sottise arrogante, la chance a toujours été et sera toujours pour la sottise qui se loue, de quelque sexe qu'elle soit et à quelque sexe qu'elle s'adresse.

Cependant la prodigieuse fatuité d'Hector n'avait fait aucune impression sur Paméla; d'abord, il ne s'était pas donné la peine de lui apprendre ce qu'il valait; et ensuite, l'eût-il accablée du récit de ses bonnes fortunes, qu'elle n'y eût rien vu d'étonnant et qu'elle se fût imaginé qu'il en était ainsi de tous les hommes. M. Hector de Lugano, qui allait s'emparer maritalement de cette belle enfant de seize ans et de ses quatre millions de dot, était habitué, depuis dix ans, à considérer cela comme une créance bien hypothéquée dont l'échéance approchait.

Ils étaient donc tous deux s'ennuyant dans le salon de la Sapinière depuis une demi-heure, lorsque Hector se leva et sonna: un domestique parut.

— N'a-t-on pas averti mon père que le déjeuner l'attendait ?

— On a sonné le déjeuner comme à l'ordinaire.

— Il fallait sonner de nouveau; peut-être est-il au fond du parc et n'a-t-il pas entendu.

— M. le comte a dû entendre, car il est dans son cabinet.

— Alors, il fallait entrer chez lui.

— M. le comte est enfermé, et il a défendu qu'on allât l'interrompre.

— Je vous en avais averti, Hector, dit Paméla; ce matin, j'ai vu entrer chez lui une espèce de paysan, et depuis ce temps ils sont ensemble.

— Quoi! repartit Hector, ce grand ours en bas bleus, en souliers à rosettes de cuir et en redingote marron, ce malotru que j'ai rencontré ce matin dans le parc, c'est lui qui est encore avec mon père?

— Oui, monsieur, répondit le domestique, M. Brutus est avec M. le comte depuis sept heures du matin.

— M. Brutus? fit Hector en donnant à son exclamation interrogative un ton de mépris si superbe, qu'il s'imagina que tant de dédain valait de l'esprit.

— Oui, monsieur, le maître d'école du village.

— Le maître d'école du village? répéta Hector.

Il faut avouer notre impuissance à faire nos lecteurs juges du mérite de M. Hector de Lugano; ce mérite consistait dans une impertinence de prononciation, une supériorité de grimace que la lettre écrite ne peut rendre; mais il semble cependant que ce devait être fort drôle, car Paméla se mit à rire tout haut, et le domestique l'imita tout bas. Il en est des sots comme des grandes coquettes : tous les hommages leur sont bons. Une de nos hautes célébrités d'amour disait qu'elle était aussi fière d'être admirée par un Auvergnat que par un homme élégant. Le rire de son valet de chambre ravit Hector; il se sentit en verve et continua.

— Est-ce que mon père veut apprendre à lire?

Le domestique continua à rire; mais Paméla haussa les épaules; M. Hector fut piqué, et l'invita à passer dans la salle à manger sans attendre son père.

A l'instant même parut M. de Lugano, précédant Brutus et lui disant :

— Restez, monsieur, vous déjeunerez avec nous; je vais faire avertir chez vous que vous ne rentrerez pas de la journée. Louis, ajouta le comte en s'adressant au domestique, allez chez monsieur.

Le domestique sortait quand Brutus l'arrêta en lui disant :

— Ne vous dérangez pas, monsieur, c'est inutile, on ne m'attend jamais.

— Comme il vous plaira, dit le comte de Lugano; allons nous mettre à table.

Et sans faire attention à Brutus, il alla embrasser Paméla, en s'excusant de l'avoir fait attendre, et lui offrit la main.

Pendant ce temps, Brutus restait immobile à sa place, et Hector le lorgnait comme une victime dont il se réservait la jouissance.

Le comte et Paméla quittèrent le salon, et Hector pria Brutus de vouloir bien passer, avec cette affectation de politesse qui devient une insolence quand on peut la comprendre ; mais Brutus n'y vit qu'une si affable prévenance, qu'il se sentit plus à l'aise en face du jeune homme si empressé, et qu'il poussa la hardiesse jusqu'à lui dire .

— C'est que, voyez-vous, monsieur, j'aimerais autant ne pas déjeuner au château.

En parlant ainsi, le pauvre jeune homme avait presque les larmes aux yeux, et son air désolé eût attendri tout autre qu'un monsieur de la nature d'Hector, qui reprit d'un air de confusion affectée :

— Quoi! M. Brutus nous refuse l'honneur de sa compagnie?

— Oh! ce n'est pas pour ça, repartit naïvement le maître d'école, mais c'est pour quelque chose que je puis bien vous dire, car vous avez l'air d'un bon enfant.

Le bon enfant fit bondir le superbe Hector ; mais il voulait savoir le secret de Brutus, et il lui demanda quel obstacle l'arrêtait ; celui-ci répondit :

— C'est mon chien ; si je ne rentre pas, la pauvre bête n'aura pas à manger de la journée, ma mère et ma sœur le détestent.

Hector trouva cela si admirablement plaisant, qu'il se mit à éclater de rire en disant à Brutus :

— Allez donc déjeuner avec votre chien, mon cher monsieur, je comprends que vous préfériez sa compagnie à la nôtre.

Et il laissa Brutus, qui se mit à traverser le parc à toutes jambes, pour revoir son cher Coclès; en même temps Hector entrait dans la salle à manger en poussant des éclats de rire si immodérés, que son père lui demanda ce qu'il avait.

— C'est ce monsieur, répondit-il, qui voulait me prier d'inviter son chien à déjeuner.

M. de Lugano s'occupait fort peu de la sottise de son fils, mais il le connaissait parfaitement, et il lui dit assez sèchement :

— Que signifie cette grossière plaisanterie, Hector, et qu'avez-vous dit à ce jeune homme?

M. Hector, à qui son père permettait tout, excepté de lui manquer de respect, voulut bien raconter la chose comme elle s'était passée.

— Et vous avez trouvé cela sans doute fort ridicule? lui dit le comte.

— Mais il me semble qu'il ne fallait pas grand effort pour cela.

— Eh bien, dit le comte, si vous aviez fait ce grand effort, vous auriez trouvé que le plus ridicule des deux, c'était vous.

— Ridicule pour m'ètre moqué de M. Brutus! fit Hector avec humeur.

— Vous avez raison; ridicule n'est pas le mot, mais brutal.

— Mon père, dit amèrement Hector à qui la leçon paraissait trop vive, je vous demande pardon de n'avoir pas apprécié la politesse de ce rustre comme elle le méritait.

— C'est vrai, monsieur, dit le comte. ce jeune homme n'a pas suivi les lois de la politesse en refusant mon invitation, et vous n'eussiez certes pas manqué à ce point de savoir-vivre ; mais, si son excuse est d'un rustre, comme il vous plaît de l'appeler, elle est d'un bon cœur.

Hector laissa échapper une exclamation d'impatience.

— Elle est d'un honnête homme, ajouta M. de Lugano avec une sévérité tout à fait étrange.

Paméla regarda son cousin en dessous, comme ravie de la leçon qu'il venait de recevoir, et celui-ci garda un silence furieux, bien décidé à punir Brutus de la mortification qu'il avait subie à son sujet, mais sans oser répliquer à son père qui semblait d'une humeur à ne pas le ménager, et que la présence de ses gens n'arrêtait point, quoi qu'il eût à dire.

Le déjeuner s'acheva sans qu'un mot fût ajouté de part ni d'autre ; seulement le comte, en se levant, dit à un domestique :

— Quand M. Brutus sera de retour, vous le conduirez chez moi.

Dès qu'il fut parti, Hector chercha quelqu'un à quereller ; et comme Paméla était demeurée seule avec lui, il lui dit d'un ton aigre :

— Il paraît que M. Brutus a séduit tout le monde ici, et probablement vous êtes aussi de son parti ?

— Moi, répondit Paméla en se levant pour gagner le salon, je n'ai pas dit un mot.

— Sans doute, mais vous aviez l'air d'être charmée du sermon que me faisait mon père.

Paméla était en général d'une nature fort douce, et elle répondit sans s'émouvoir :

— Je vous jure que je n'ai pas fait attention.

— Et je vous en remercie, reprit le fat avec dédain, vous n'avez pas à vous occuper de ce qui me blesse; vous pensiez sans doute à M. Brutus.

L'outrecuidance dépassait les bornes, et Paméla se retourna vivement en disant :

— Je pensais... oui, je pensais que ce que mon oncle vous disait était fort juste.

— Fort juste! s'écria M. Hector furieux.

Et de cette réplique commença une querelle très animée et très longue dans laquelle Paméla, comme le doit toute femme, défendit l'homme qu'attaquait celui qu'elle regardait déjà comme son mari.

Or que faisait Brutus pendant ce temps ? Il avait à soutenir de son côté une lutte contre sa sœur Rosalie. En effet, le maître d'école avait oublié sa classe, et le curé avait envoyé successivement chez lui une demi-douzaine de ses écoliers les plus turbulents pour savoir ce qu'il était devenu.

Brutus n'avait rien dit à sa sœur de l'espérance magnifique qui se présentait à lui ; il voulait savoir le résultat de sa conférence avec le comte, pour arriver tout triomphant avec cette grande nouvelle. Ainsi fit-il; car M. de Lugano lui avait offert une somme de douze cents francs par an. Certes, c'était un grand argument en sa faveur, et qui eût apaisé bien des clameurs s'il avait pu le produire, mais le malheureux n'en eut pas le temps; il fut accueilli par une tempête d'injures et de reproches accumulés depuis plusieurs heures dans le sein de Rosalie. « C'était un paresseux, il perdait son état, il voulait rester à la charge de sa sœur et de sa mère infirme... »

Le pauvre diable les nourrissait toutes deux; et lorsqu'il voulut dire, pour s'excuser, qu'il avait été retenu par le comte de Lugano et qu'il était venu pour déjeuner, on lui ferma la porte au nez en lui disant :

— Eh bien, va manger d'où tu viens !

Brutus se retourna vers Coclès qu'il avait trouvé à la petite porte du parc, et qui avait vu à son maître un air si triomphant, qu'il s'était hasardé à le suivre ; le regard que le maître jeta sur le chien avait une expression si cruelle de désespoir sur lui-même et de pitié pour le pauvre animal qu'il avait associé à sa misère, que Coclès se mit à pousser un long hurlement plaintif.

Aussitôt la fenêtre de la vieille folle s'ouvrit, elle saisit au hasard une des bouteilles posées sur l'appui de la croisée, et la lança avec force. Brutus voulut garantir son chien, et la bouteille ébréchée le blessa assez profondément à la main droite. La douleur qu'il éprouva dut être vive; mais il sembla ne pas l'avoir ressentie, il regarda tristement sa main ensanglantée, et dit :

— Bien! voilà douze cents francs de perdus.

Rosalie, qui était derrière sa mère, mit la tête à la fenêtre en entendant cette parole, et lui cria aigrement :

— Qu'est-ce que tu veux dire avec tes douze cents francs ? Ça ne te coûtera pas si cher : une toile d'araignée et un chiffon feront les frais du pansement.

— C'est possible, dit Brutus; mais comme d'ici à huit jours je ne pourrai pas écrire, le comte de Lugano cherchera un autre secrétaire, et les douze cents francs qu'il m'avait promis seront pour un autre.

A peine Brutus avait-il fini sa phrase, que la porte de la maison s'était rouverte et que Rosalie lui demandait d'un ton plein d'intérêt ce qu'était cette place de secrétaire, ces douze cents francs; et lorsque enfin Brutus eut pu s'expliquer, ce furent les soins les plus attentifs et les plus empressés pour sa blessure.

On le pansa, on lui donna à déjeuner, on brossa son chapeau, on lui fit même un conte à débiter pour expliquer sa blessure à M. le comte. La transition était si brusque, qu'il semble que Brutus n'eût pas dû s'y laisser prendre; mais, pour certains hommes, il en est de ce qui flatte leur cœur, comme pour d'autres de ce qui flatte leur vanité : ils sont aveugles et crédules. Brutus se livra donc à toute la joie que lui inspirait cette tendresse toute nouvelle, et il retourna chez le comte de Lugano.

En traversant le parc, il rencontra Hector qu'il salua humblement, et qui se contenta de lui tourner le dos. Paméla, qui était à la croisée du salon, vit cette impolitesse, et, sans autre sentiment que celui de faire juste le contraire de son cousin, elle sortit de manière à être rencontrée par Brutus, et elle lui rendit son salut avec une grâce, un sourire, un regard qu'un autre que Brutus eût pu traduire en ces mots : « Si vous avez un ennemi dans cette maison, vous y avez aussi une amie. »

Le maître d'école ne se connaissait point assez en pantomime féminine pour comprendre si juste ce que voulait dire celle de mademoiselle Van Owen. Il ne vit qu'une seule chose qui, jusque-là, lui était restée inconnue : c'est qu'il y avait dans le monde des êtres appelés femmes qui souriaient et regardaient gracieusement ; il se dit qu'une femme qui souriait et regardait ainsi était si charmante, que sa sœur Rosalie avait grand tort de ne pas faire de même. Puis il entra chez M. de Lugano, qui s'arrangea à ce qu'il paraît de l'explication que lui donna Brutus, car ils restèrent enfermés ainsi jusqu'au soir.

Pendant un mois ce fut ainsi tous les jours.

Brutus venait tous les matins et restait toute la journée au château ; le soir seulement, vers six heures, il le quittait pour aller donner leur leçon aux enfants de l'intendant, leçon que celui-ci ne payait plus. Cet homme était dans les grands principes de l'intendance, il avait compris tout de suite que du moment que son maître payait quelqu'un, ce quelqu'un devait servir l'intendant pour rien.

Un seul petit événement patent troubla le repos monotone de ce mois ; et nous en demandons pardon à nos lecteurs, mais ce fut encore à l'occasion de ce misérable Coclès.

Deux jours après l'introduction de Brutus au château, la bête, qui crut comprendre que son maître y était bien reçu, pensa pouvoir l'y accompagner. Coclès se glissa donc dans le parc à la suite du secrétaire, et rôda longtemps autour des communs.

Tant qu'il se tint à distance respectueuse, personne ne se douta de la présence de l'imprudent animal ; mais, ayant eu le malheur de s'approcher du chenil où l'on tenait deux ou trois chiens que M. Hector s'était donnés sous prétexte de chasse, et quoiqu'il fût incapable de tuer un moineau posé sur un mur, ces deux ou trois chiens, dis-je, se mirent à hurler d'une si rude façon, que leur maître, qui faisait une partie de billard avec mademoiselle l'améla, voulut aller voir par lui-même ce qui arrivait à sa meute.

A l'aspect du caniche misérable qui fourrait

son nez sous la porte, il devina le chien de Brutus, et la charmante idée de le faire étrangler par ses chiens arriva en même temps au beau jeune homme. Il ouvrit la porte du chenil, et aussitôt les chiens s'élancèrent à la poursuite du caniche qui, en fuyant, se réfugia dans la cour d'honneur du château.

Le pauvre animal y fut bientôt cerné, et d'horribles morsures commençaient déjà à le déchirer pendant qu'Hector excitait les chiens à ce carnage, lorsque la fenêtre du cabinet de M. de Lugano, placée au rez-de-chaussée, s'ouvrit, et Brutus y parut; il la franchit, et de deux ou trois coups de pied rudement appliqués il envoya rouler loin de lui les antagonistes de Coclès.

— Qu'est-ce que c'est que ce drôle qui ose toucher à mes chiens! s'écria Hector en s'avançant contre Brutus.

Ce ne fut pas la grossièreté du mot drôle qui irrita Brutus, il ne savait pas encore la valeur insultante de ce mot; mais Hector, qui avait gardé à la main la queue de billard avec laquelle il jouait, la leva pour l'en frapper.

Brutus la lui arracha et la brisa avec une violence qui fit reculer Hector.

— Insolent! dit-il en le menaçant d'un soufflet.

— Ne me touchez pas, s'écria Brutus, ou je traite le maître comme les chiens!

Les aboiements des animaux, les hurlements de Coclès, avaient attiré Paméla sur la porte du billard; quelques domestiques s'étaient montrés aussi, et tous avaient pu voir l'expression exagérée du visage de Brutus; quelque chose d'une nature presque féroce était monté du cœur de cet homme à son visage, c'était l'instinct de la bête fauve qu'ont soumise la captivité et les mauvais traitements, et en qui l'odeur du sang réveille tout d'un coup des instincts endormis. Hector en pâlit, et Paméla demeura les yeux fixés sur ce jeune homme, dont elle eut peur aussi.

Mais tout cela ne fut que l'affaire d'un moment, et presque aussitôt Brutus se courba sous cette chaîne de soumission qui avait pesé sur toute sa vie. Il laissa tomber de ses mains les débris qu'il tenait encore, et dit humblement à Hector :

— Pardonnez-moi, monsieur, mais c'est que je n'ai que mon chien, moi, et...

— J'exige des excuses! s'écria Hector en se posant en matamore.

— Je vous en fais, monsieur, dit naïvement Brutus, je vous en fais pour mon chien et pour moi : je vais l'emmener, et je vous promets qu'il ne reviendra plus.

— Faites-y bien attention, dit Hector, ou je vous coupe le visage à coups de cravache.

La menace était inutile, car Brutus, appelant Coclès, s'éloignait déjà à grands pas; peut-être l'entendit-il et peut-être ne lui sembla-t-elle pas une injure.

Cet éclair d'homme qui avait jailli de son

cœur s'était éteint dans cette habitude de misère, de servitude et d'insulte qui l'avait depuis longtemps dégradé. Cependant ce transport n'avait échappé ni à M. de Lugano, ni à Paméla.

Le comte, qui était resté immobile à la croisée de son cabinet, la ferma froidement, et lorsque Hector alla proposer à Paméla de continuer sa partie, elle lui répondit qu'elle en était incapable, et que cette querelle lui avait fait tellement peur, qu'elle en tremblait encore. Cette réponse donna l'occasion à Hector de commencer une suite d'impertinences sur le manant, le drôle, le rustre, le goujat, qu'il regrettait de n'avoir pas corrigé de sa main, attendu la distance énorme qui les séparait.

Sur ces entrefaites, M. de Lugano entra, et avec une douceur qui n'était pas dans ses habitudes, il dit à son fils :

— Hector, pour des raisons que vous saurez plus tard, j'ai besoin pendant quelque temps de ce jeune homme, il est nécessaire qu'il vienne au château. Je conçois qu'il vous déplaise, mais vous déplaire, c'est supposer qu'il vous occupe ; et, en vérité, il n'en vaut pas la peine : laissez-le donc en paix, je vous en prie; je vous le recommande aussi, Paméla.

— Moi! dit-elle, le reproche est injuste, et je ne lui ai jamais rien dit qui puisse le blesser.

— Et je vous en remercie... Songez, Hector, que penser une minute de plus à ce qui vient de se passer, ce serait descendre au-dessous de ce que vous vous devez à vous-même.

Hector assura à son père qu'il se tenait pour satisfait, et Paméla ne comprit pas mieux que lui le sentiment secret qui avait dicté la conduite de M. de Lugano.

Le comte ne se dissimulait aucun des défauts de son fils, et dans cet esclandre il avait reconnu que le manant avait eu le beau rôle sur le fat. Cette impression, il ne voulut pas la laisser à Paméla, non qu'il pensât que Brutus fût pour rien dans l'opinion de son fils; il eût agi de même si Hector avait montré la même pusillanimité en face d'un accident, et il lui apporta, en présence de la femme qu'il lui destinait, le témoignage de ce qu'il faisait semblant de lui croire dans le cœur.

M. de Lugano avait eu raison ; car, dès qu'il fut sorti, Paméla supplia son cousin d'oublier sa rancune, et Hector eut tous les honneurs d'une condescendance contre laquelle son courage semblait se révolter.

Cependant cette paix n'eût pas été de longue durée sans d'autres petits événements cachés qu'il nous faut aussi raconter.

M. Hector ne vivait pas dans un profond ennui à la Sapinière sans avoir essayé d'y échapper. Pour cela, il était sorti de la réserve hautaine de son caractère pour questionner de temps en temps son valet de chambre sur ce qu'étaient les environs.

Parmi toutes ces questions, il y en eut quelques-unes qui concernaient M. Brutus, et qui, de l'individu passant à la famille, rencontrèrent pour réponse un éloge emphatique de mademoiselle Rosalie Brutus, qui était assurément la plus jolie fille du pays.

La suite d'une pareille confidence se devine aisément.

— Pardieu! se dit Hector, je verrai ce que c'est que mademoiselle Brutus; ce sera fort amusant.

Ce qui se passa entre M. Hector et mademoiselle Rosalie se découvrira plus tard; mais voici quelle était, après ce long mois dont nous avons parlé plus haut, la vie apparente du château et de la chaumière : Brutus arrivait tous les matins chez le comte et restait enfermé avec lui quelques heures; il assistait au déjeuner qui se passait très régulièrement et sans discussions fâcheuses. M. de Lugano lui-même y apportait une sorte de bonhomie et même de gaieté, il laissait Hector raconter et mentir, sans le persécuter comme autrefois d'un cruel persiflage, acceptant comme vraies toutes ses forfanteries. Paméla seule devenait triste.

Par une raison cachée ou un caprice de femme, elle s'occupait beaucoup de son cousin, qui s'occupait encore moins d'elle qu'autrefois. Il s'en était aperçu et se laissait adorer, tant il trouvait cela juste et naturel, et il daignait s'expliquer à lui-même que cela ne fût pas arrivé plus tôt en se disant que sa cousine était une enfant

Après le déjeuner, M. de Lugano donnait presque toujours une heure ou deux à la promenade ou à ses affaires de fortune, et Paméla et Brutus restaient seuls; car tous les jours, à cette heure, Hector quittait le château et ne reparaissait qu'à l'heure du dîner, au moment où Brutus retournait chez lui.

Ce qui se passait entre Brutus et Paméla mérite aussi d'être raconté en détail, comme ce qui s'était passé entre Hector et Rosalie.

D'un autre côté, la vie de Brutus était tout à fait changée.. Ce n'étaient ni querelles ni cris qui l'accueillaient chez lui; c'étaient les caresses les plus empressées de la part de Rosalie ; et comme elle s'était faite la protectrice de Brutus près de sa mère, la haine de la vieille folle pour son fils semblait avoir diminué d'intensité : aussi Brutus était-il si heureux, qu'il en parlait seul tout haut lorsqu'il n'avait personne à qui le confier.

Il s'était aperçu aussi que plus d'aisance et de bien-être s'était introduit dans sa pauvre maison, et il savait bon gré à sa sœur d'avoir compté sur sa fidélité à lui apporter ses appointements pour solder toutes les petites dépenses extraordinaires. Aussi fut-il très surpris le jour où il arriva avec ses cent francs, de voir sa sœur les refuser en lui disant :

— J'avais fait quelques petites économies que j'ai cru pouvoir dépenser, et maintenant que nous sommes plus riches, garde ton argent; car il faut te faire mieux habiller.

Brutus n'en revenait pas; il regardait ses cent francs sans savoir ce qu'il en pourrait faire; et tel était l'enfantillage de ce grand jeune homme, qu'il courut au bourg, ravi de l'idée qui venait de lui venir : il voulut acheter une paire de bottes.

L'histoire de cette paire de bottes est un des événements les plus graves de ce récit, il est donc nécessaire de dire avant toute autre chose pourquoi il en fut ainsi.

III

On se souvient des questions que M. Hector de Lugano avait adressées à son valet de chambre, et de la résolution qu'elles lui avaient inspirée.

Ce qui distingue les grands capitaines et les grands séducteurs, c'est la rapidité dans l'exécution d'un plan, une fois qu'il est arrêté.

Deux heures après que M. Hector eut décidé qu'il serait fort amusant de savoir ce qu'était mademoiselle Rosalie Brutus, il était en quête de l'apprendre. Une chose l'embarrassait : ce n'était pas de séduire cette fille si elle en valait la peine, mais de lui parler une première fois; cependant il se rendit du côté de la chaumière de Brutus, après avoir apporté à sa toilette un soin tout particulier. Par une précaution bien digne de lui, M. Hector avait revêtu un habit de chasse de la plus grande simplicité et d'une élégance arriérée; ce beau Phébus avait voilé autant que possible l'éclat rayonnant de sa personne, de façon que l'on pût le regarder sans être ébloui.

— Il faut que cette Rosalie ose penser à moi, se disait-il. Je ne veux pas lui paraître un amant impossible.

Ainsi Jupiter prenait les traits d'un simple mortel pour que Sémélé ne tombât pas en cendres sous son regard olympien. Hector n'était pas moins avisé que le maître des dieux, et il devait réussir comme lui.

Il prit un fusil, un chien d'arrêt, et s'en alla battre les bruyères qui entouraient la maison de Brutus.

Cette maison était close, et rien n'avertit Hector que sa présence y eût été remarquée; il tira quelques coups de fusil assez près du verger pour que la curiosité la plus endormie regardât qui se donnait le plaisir de la chasse dans un endroit si peu convenable; mais les coups de fusil n'y firent rien, et la maison demeura muette et aveugle.

Hector pensa tout de suite qu'il n'y avait personne; ne pas se mettre à une croisée par où l'on pouvait le voir, du moment qu'il daignait être visible, ne lui paraissait pas possible. Qu'eût-il dit s'il avait deviné qu'il avait été vu, qu'il avait été reconnu pour M. Hector de Lugano, et qu'on ne se montrait pas; et cependant on l'attendait.

On l'attendait : ce mot exige un très long commentaire.

Comment se fait-il, dira-t-on, qu'on attendît

M. de Lugano ? Il avait donc fait part de ses projets à quelqu'un qui les avait redits à Rosalie ? Point du tout. Mais Rosalie avait interrogé Brutus sur la famille de M. de Lugano, et s'était fait expliquer le père et le fils, autant que Brutus avait pu les comprendre.

Les confidences de Brutus avaient longtemps fait réfléchir mademoiselle Rosalie ; un vieillard usé, ennuyé et fort riche ; un jeune cavalier très avantageux, et qui avait fait des femmes sa seule occupation : un de ces deux hommes devait nécessairement appartenir à Rosalie, et elle s'étonnait déjà que l'un ou l'autre ne se fût pas présenté pour la séduire. Elle s'était même imaginé, dès le premier jour de l'introduction de Brutus chez M. de Lugano, que la place donnée à son frère n'était qu'un prétexte pour arriver jusqu'à elle.

Mais bientôt, en apprenant que c'était un emploi sérieux, elle n'espéra plus en M. de Lugano, et tourna toutes ses espérances du côté d'Hector. Ce ne fut pas sans regret qu'elle abandonna le vieillard.

Entre un grand seigneur et une pauvre fille, quand la jeunesse et la beauté manquent au premier, ce qui serait libéralité chez un jeune amant devient obligation chez le vieillard amoureux ; on n'attend plus, on exige ; et Rosalie avait une haute idée du taux possible à ses exigences.

Si l'on nous demande où cette fille, qui devait être si ignorante du monde, avait appris ces abominables choses, nous répondrons par d'autres questions.

Où et comment tous ces sabotiers qui encombrent le commerce ont-ils appris, sans savoir lire, les calculs les plus compliqués des intérêts de l'argent, de façon que les banquiers les plus experts ne sont que des prêteurs désintéressés à côté d'eux ? Comment se fait-il que mieux que les politiques les plus prévoyants, ils sentent les besoins de la société, préviennent les événements et discernent, sans se tromper, la spéculation qui doit réussir de celle qui doit être onéreuse ?

Comment se fait-il que la chose du monde la plus capricieuse, la plus aristocratique, la plus insaisissable, la mode, appartienne à l'appréciation la plus vulgaire et la plus ignorante ? et que ce soient douze Auvergnats qui, dans Paris, vendent à la fois des peaux de lapin et ce que le luxe a de plus raffiné pour orner un boudoir de duchesse ?

D'où vient que, dans la vie commune, les esprits les plus éclairés par l'éducation sont quelquefois les plus aveugles en face des faits et que les plus incultes sont souvent les plus perspicaces ?

C'est qu'il faut le reconnaître, la nature donne arfois à certains individus des instincts fabuleux qui les conduisent mieux que l'expérience la plus consommée. Heureusement ue ces individus sont des exceptions fort rares ; mais enfin ces exceptions existent, et Rosalie en faisait partie.

Mais, pour qu'on ne se trompe pas sur l'idée que nous en voulons donner, il ne faut pas qu'on pense que ce fût le moins du monde une de ces misérables créatures qui, entre le travail et le vice, choisissent le vice pour échapper à la misère, et cela sans passion, sans égarement, par fainéantise et lâcheté.

Ce n'était pas non plus l'entraînement d'une jeunesse folle et amoureuse de plaisir qui donnait ces pensées à Rosalie ; il n'y avait en elle rien de ces deux causes communes de la perte de tant de pauvres filles. C'était un corps et un cœur froids : et si quelque chose brûlait en elle, c'était un désir immodéré de domination, de fortune et de grandeur ; mais ce désir était dirigé par un calme sec, égoïste, impitoyable.

En effet, décidée à chercher une meilleure fortune dans l'amour qu'elle pourrait inspirer, elle n'avait pas hésité à la demander à un autre sentiment tant qu'elle n'avait pas eu cette dernière chance. Brutus avait été le premier instrument de cette avide ambition, de cette sourde personnalité, tout le fruit des labeurs du pauvre maître d'école avait été sa proie.

Mais il faut le dire, pour qu'on ait une idée exacte du caractère de Rosalie, elle était aussi rude envers elle-même qu'elle l'avait été envers son frère, elle ne s'imposait pas une tâche moindre que la sienne ; et, comme elle n'é·

tait qu'une ouvrière, elle passait les jours et les nuits au travail pour se mettre autant que possible au-dessus des filles de sa condition. Seulement, ses propres efforts et ceux qu'elle dirigeait n'avaient qu'un but, elle, et elle seule.

Ce caractère est moins rare qu'on ne pense, quoiqu'il soit contraire à toute raison. Il semble que ceux qui ont des besoins très exigeants doivent comprendre ceux des autres et en tenir compte; cependant il n'en est rien. C'est plus souvent le dissipateur que l'avare qui laisse tout ce qui l'entoure manquer du nécessaire, et l'on verra plus souvent un glouton qu'un homme sobre refuser un morceau de pain au misérable qui a faim. C'est que, de tous les vices, le plus lourd, le plus aveugle, le plus implacable, c'est l'égoïsme ; et Rosalie était égoïste.

Ce que cette jeune fille avait de perspicacité et d'adresse pouvait tempérer en apparence ce que ce vice avait en elle d'absolu ; mais on se serait trompé en donnant un motif de bienveillance à ce qui semblait avoir ce caractère ; il y avait toujours une raison personnelle qui dictait ses meilleures actions : c'était un prêt qu'elle faisait à l'avenir, mais seulement quand elle était sûre qu'il lui rapporterait de très gros intérêts.

Voilà donc quelle était la personne que M. Hector de Lugano comptait subjuguer en passant et pour se désennuyer.

Comme nous l'avons dit, Rosalie avait reconnu le beau chasseur, et cependant elle ne s'était pas montrée ; elle ne voulait pas que leur première rencontre eût l'air d'un hasard dont il profitait pour d'aborder ; elle voulait que ce fût une manifestation non équivoque de ses projets. Du reste, il ne fallait pas être aussi habile que Rosalie pour savoir que ce monsieur était là à son intention.

Il regardait trop souvent du côté de cette maison pour ne pas laisser voir qu'il voulait y éveiller l'attention de quelqu'un ; d'ailleurs on ne chasse pas deux heures durant dans une bruyère où il y avait pour tout gibier des mésanges et des fauvettes.

Rosalie avait observé tout cela à travers son rideau, et, quoique sûre des desseins de M. Hector, elle se tint immobile ; car elle ne voulait entamer la partie qu'avec un avantage. Cet avantage, le lendemain devait le lui donner.

M. Hector, qui ne se souciait point de recommencer l'exercice de la veille, et qui voulait cependant arriver jusqu'à la belle, trouva qu'il était bien plus simple de se présenter lui-même. Sous quel prétexte, il l'ignorait encore ; mais il s'en rapporta à son admirable présence d'esprit pour en inventer un quand il serait en face de Rosalie.

Le lendemain donc, et vers le milieu du jour, il se rendit chez Rosalie, lorsqu'il rencontra un obstacle auquel il était loin de s'attendre.

La veille, il s'était toujours tenu à une certaine distance de l'enclos, et d'ailleurs il était accompagné de ses chiens de chasse qui avaient failli dévorer Coclès, et quoique celui-ci fût à son poste le long d'une haie, gravement étendu au soleil, il s'était tenu coi et n'avait pas bougé.

Mais ce jour, en voyant arriver de loin M. Hector seul, le rancunier animal s'était redressé pour examiner son ennemi ; tant que celui-ci avait marché dans la propriété commune, l'animal, qui avait un sentiment très exact de son droit, s'était contenté de gronder sourdement ; mais, dès que M. Hector eut passé la haie qui bordait le domaine de Coclès, il se précipita au-devant de lui, l'œil en feu et les dents toutes prêtes à le déchirer.

Assurément il n'y a rien de désagréable et de ridicule comme d'être obligé de défendre ses mollets contre un chien hargneux ; mais il y a des gens à qui cela n'arrive pas ; soit que la bonhomie de leur allure n'excite pas la colère de ces animaux, soit que leur assurance les intimide, il ne leur advient jamais de ces fâcheux démêlés.

Hector, au contraire, était un de ces êtres malencontreux à qui ces petits accidents étaient réservés ; il se trouva donc en face de Coclès, assez embarrassé d'avance contre un ennemi personnel si exaspéré, et sachant bien que, s'il voulait le fuir, il ne ferait qu'épargner ses tibias aux dépens de ses talons. D'ailleurs une belle et charmante personne s'était présentée à la porte de la maison en entendant les aboiements du chien, et ce n'était pas le cas de faire une retraite honteuse.

Hector sortit de son embarras selon son caractère; il s'écria :

— Rappelez votre chien si vous ne voulez pas que je lui fasse mal.

— Ma foi, monsieur, répliqua Rosalie, vous pouvez l'assommer si cela vous convient; vous nous débarrasserez d'une méchante bête.

Hector fit un geste pour chasser le chien; mais Coclès redoubla de fureur, et Hector n'osa faire un pas. Il était fort ridicule, il le sentait, et Rosalie, au lieu de venir à son secours, ajouta, en élevant la voix :

— Si, au lieu de traverser l'enclos, vous aviez tourné tout autour, Coclès ne vous aurait rien dit.

— Mais, dit Hector, comment entre-t-on alors chez vous ?

— Est-ce que c'est ici que vous veniez, monsieur ?

— Oui, vraiment.

— Alors, c'est bien.

Et Rosalie rappela le chien, qui s'échappa en jetant sur l'un et sur l'autre un regard où il semblait les confondre dans une haine commune.

Hector avança aussitôt en triomphateur, et salua Rosalie, qui le reçut sur la porte sans lui offrir d'entrer.

— Qui demandez-vous, monsieur ? lui dit-elle.

Hector se crut très adroit en disant :
— N'est-ce pas ici que demeure M. Brutus?
— Oui, monsieur, mais il n'y est pas.

M. Hector laissa échapper un Ah!... qui montra à Rosalie que l'adroit galant était à bout d'invention ; elle lui vint donc en aide en lui disant :

— Si vous voulez me dire l'affaire qui vous amène, monsieur, j'en ferai part à mon frère.

— Avec grand plaisir, mademoiselle, j'ai même à causer assez longuement avec vous.

Une idée venait d'arriver à Hector, une idée qui n'eût pas été si maladroite qu'elle l'était, s'il l'avait eue la veille, ou même s'il l'avait eue avant ce *ah!...* stupide qui donnait un démenti anticipé à tout ce qu'il avait à dire.

Rosalie introduisit M. de Lugano dans sa chambre, et, malgré ses habitudes de luxe, il en admira la bonne tenue et l'éclatante blancheur. Puis il commença son discours d'introduction.

— Je suis, lui dit-il, le fils de M. de Lugano; mon père a pris votre frère à son service, et je sais qu'il compte lui faire un sort; mais, avant de s'engager vis-à-vis de ce jeune homme, il désire avoir quelques renseignements sur son compte, et il m'a chargé de venir vous les demander.

Deux choses avaient frappé Rosalie dans cette phrase : la niaiserie qu'il y avait à aller demander des renseignements à une sœur sur le compte de son frère, et le mot *pris à son ser-*

vice, qui l'avait profondément humiliée ; elle lui répondit donc :

— D'abord, monsieur, je ne savais pas que Brutus fût ce qu'on appelle au service de M. le comte de Lugano, et ensuite, comme votre père ne m'a pas consultée pour le prendre, je ne conçois guère qu'il s'adresse à moi pour le garder, à moins que la conduite de mon frère n'ait pas été ce qu'elle devait être.

La réponse n'était pas engageante ; mais Hector était lancé, et il continua :

— Vous ne refuserez pas de répondre cependant à quelques questions. M. Brutus est un galant homme?

— Si vous entendez par galant homme un honnête homme, je vous en réponds.

— Il est capable...

— De faire ce que M. le comte exige de lui, c'est ce que je ne puis vous dire, car je ne sais pas ce qu'il va faire au château.

— C'est que mon père éprouve le plus vif intérêt pour lui, et cet intérêt, il veut l'étendre à toute la famille de M. Brutus, et depuis que je vous ai vue, je sens que je suis tout prêt à le partager.

Ici Rosalie joua admirablement la grosse naïveté et répondit :

— Est-ce que vous avez de l'ouvrage à me commander?

Hector se mit à rire et repartit d'un air suffisant :

— De l'ouvrage pour ces mains charmantes,

ce serait un bien pauvre intérêt à vous témoigner ! Non, séduisante Rosalie, quand on est belle et gracieuse comme vous, on n'est pas faite pour travailler.

— Et pourquoi est-on donc faite, monsieur ?

— Pour inspirer la plus vive tendresse, pour être aimée et pour sortir, grâce à l'amour d'un homme comme il faut, de cette position indigne de vous.

La déclaration était claire, et il n'y avait pas à s'y tromper ; il fallait donc l'accueillir de manière à l'encourager, ce qui était se livrer un peu vite, ou la repousser du haut d'une vertu imprenable, ce qui pouvait rebuter complètement le poursuivant. Rosalie évita les deux difficultés par une réponse admirable.

Elle rougit, baissa les yeux, et d'un ton de dignité modeste elle répliqua :

— Votre proposition m'honore, monsieur ; j'en ferai part à mon frère et à ma mère.

Le séducteur fronça le sourcil en murmurant :

— Peste soit de la sotte qui s'imagine que je veux l'épouser !

Mais Rosalie, en disant ces paroles, s'était montrée si jolie, une si douce émotion avait percé dans sa voix et animé ce regard qu'elle avait si pudiquement voilé, que M. Hector se dit encore :

— On n'est pas plus niaise, mais on n'est pas plus belle, et cette niaiserie la rend encore plus agaçante.

Il reprit donc :

— Non, il est inutile d'avoir d'autres confidents que nous ; pour s'aimer, il faut mieux se connaître, et ce que je suis venu vous demander aujourd'hui, c'est le droit de faire connaissance avec vous.

— Toutes les fois qu'il vous plaira de venir, monsieur, vous serez le bienvenu.

Ce qui se dit pendant la fin de cette visite est inutile à répéter ; mais le point important avait été établi des deux parts.

Hector avait conquis son droit d'entrée dans la maison, et le reste lui semblait la chose du monde la plus aisée. Il se promettait bien de dissiper cette illusion de mariage qui avait passé par la tête de cette idiote ; quelques promesses, beaucoup d'amour qu'il inspirerait en feraient l'affaire. Du côté de Rosalie, c'était tout le contraire. A notre sens, l'inspiration dite plus haut avait été sublime.

Dans ses rêves de fortune, et lorsqu'elle attendait la séduction de M. Hector, l'idée d'un mariage avait bien apparu quelquefois à Rosalie, mais la difficulté d'aborder un pareil sujet lui avait paru presque toujours insurmontable, et ce n'était qu'en face du danger qu'elle avait trouvé ce mot admirable.

Plus tard, lorsqu'une familiarité plus grande eût régné entre elle et Hector, ce mot devenait impossible. Il avait été dit au moment précis où il devait l'être. C'est le propre des génies instinctifs d'avoir de ces soudaines illuminations en face des circonstances décisives.

Hector avait donc ses entrées dans la maison de Brutus, mais il les avait achetées du titre d'épouseur; et Hector, qui n'en prenait nul souci, ne se doutait pas où l'on pourrait le mener par ce petit fil d'araignée qu'on venait de lui attacher adroitement au pied.

Cependant, malgré son avantage, Rosalie comprenait qu'il y avait encore beaucoup à faire pour elle; il fallait, pour que ce fil devint une lisière pour conduire M. Hector à toutes sortes de sottises, rendre cet homme très amoureux; et rendre un fat amoureux n'est pas chose facile. Mais Rosalie était une nature supérieure, et elle employa un moyen qui n'est pas ordinaire en amour, surtout de la part d'une femme vis-à-vis d'un homme : ce moyen fut la flatterie.

Si l'on ne savait pas que la vanité est un des gouffres les plus insatiables de l'esprit humain, on aurait peine à concevoir qu'un homme osât accepter toutes les ridicules adulations dont elle l'enivra : tout ce qu'il faisait et disait dénotait un grand cœur, un grand esprit, un grand homme. Ce n'était qu'une pauvre fille de rien qui le pensait. Mais à ce dieu-ventre qu'on appelle la vanité, tout est bon. D'ailleurs cet hommage de Rosalie n'était pas si peu délicat qu'on pourrait se l'imaginer.

Elle donnait de l'esprit aux moindres mots de M. Hector, et quand ils n'en avaient pas, elle en mettait du sien ; et puis elle croyait en lui, elle ne doutait pas d'une seule de ses prouesses galantes; elle les comprenait, elle sentait que rien n'avait pu lui résister ; puis tout à coup, se faisant humble et timide, elle remerciait ce dieu tout-puissant d'avoir abaissé vers elle sa souveraineté ; et alors, quand elle le tenait sous le charme de cette ivresse, elle laissait échapper un mot de crainte sur la réalité de ses projets, et elle se demandait si elle devait croire qu'il pût penser sérieusement à épouser une fille comme elle.

Assurément la pensée n'en venait pas plus à Hector après ces apologies qu'elle ne lui était venue le premier jour ; mais, lorsqu'il se sentait si bien apprécié, si hautement compris, il prétendait en soi n'avoir pas le courage d'enlever à cette pauvre enfant le rêve dont elle se berçait.

Hector était si vaniteux qu'il se trompait lui-même. En ne désabusant pas Rosalie, c'était sa propre satisfaction qu'il ménageait. Toute cette adoration pouvait s'en aller devant la triste vérité, et cette adoration était aussi le rêve d'Hector. C'était ainsi que devait être aimé un homme comme lui, et Rosalie était la première femme qui eût réalisé ce rêve.

Ce côté du rôle de Rosalie était le plus facile à jouer ; celui qui l'embarrassait fort était celui de la résistance. Tout refuser à un homme si respectueusement adoré ne paraissait pas logique, il fallait donc en finir. Ce n'était pas la chute qui épouvantait la belle, mais la crainte de tomber sans résultat.

Elle avait suffisamment éprouvé le grand moteur avec lequel elle menait Hector, et partout où elle l'avait appliqué, la machine avait répondu à l'impulsion donnée. Quelques éloges emphatiques sur sa générosité probable, et le lendemain il s'était montré généreux.

Il y avait même une fortune assez passable à espérer en s'en tenant à ce procédé; mais l'ambition de Rosalie avait grandi avec les circonstances, comme celle de tous les ambitieux. On ne part pas du pied gauche pour devenir empereur; mais, quand on est lieutenant, on veut être chef de bataillon, puis général, puis consul, puis empereur. Napoléon n'a pas été autrement.

Donc, pour la chétive ouvrière, ce n'était plus une espérance de mariage qu'elle voulait se faire racheter bien cher, mais un mariage réel auquel elle tendait. Hector avait bien, dans le jargon d'opéra comique qu'il avait appris à Paris, parlé plusieurs fois d'un serment qu'il tiendrait plus tard, quand il serait libre : mais rien de tous ces propos n'avait un caractère certain, et il fallait mieux que cela à Rosalie pour être tranquille. Quoiqu'elle n'eût pas grande foi dans les écrits, elle eût voulu en posséder quelqu'un de la main d'Hector, mais comment établir une correspondance entre gens qui se voient tous les jours ?

Hélas! il n'y avait qu'à y penser et cela devait venir de soi-même.

Un certain soir, Rosalie, à qui Hector prêtait à lire d'assez piètres romans, se prit à dire à son héros que cela ne la touchait pas, que personne n'écrivait d'amour comme il en parlait, et qu'elle voudrait bien lire de sa prose.

Le lendemain de ce jour, Hector arriva avec une lettre de quatre pages qu'il se fit lire tout haut, et que Rosalie épela avec des émotions si charmantes, qu'il tomba dans le ravissement de lui-même, il pensa que M. de Chateaubriand étant devenu un homme politique, il laissait une belle place à prendre dans la littérature.

Voilà donc Hector écrivant des choses incroyables de passion, et cela tous les matins, mais voilà aussi qu'un jour Rosalie lui remet un petit papier d'un air embarrassé et très émue, en lui disant :

— Ne vous moquez pas de moi, mais tenez, j'ai essayé de vous répondre.

— Voyons, fit Hector.

Il sourit de pitié.

— Pauvre enfant, lui dit-il, ce n'est pas cela, il n'y a pas d'amour dans ces phrases.

— Eh bien, lui dit-elle, écrivez-moi comment il faut que je vous écrive.

— Vous verrez.

Et voilà que le lendemain le bel imbécile répond une lettre qui commençait ainsi :

« Non, Rosalie, vous ne m'aimez pas, le ton glacé de votre lettre me l'apprend, vous ne m'aimez pas ou vous doutez de moi, etc. »

A ceci, Rosalie répondit à son tour, et toujours avec une retenue si adroitement niaise, que M. Hector de Lugano répliqua par une épître où il y avait des phrases comme celle-ci :

« Avez-vous oublié les serments que je vous ai faits ? Oui, ma vie est à vous, etc., etc. »

Lui faisant toujours de l'opéra comique, elle poursuivant une affaire sérieuse, il se trouva engagé dans une correspondance qui, au bout d'un mois, avait mis dans les mains de Rosalie la preuve de la tentative de séduction la plus frénétique, et qui n'avait laissé dans celles d'Hector que le témoignage d'une résistance profondément vertueuse.

Voilà où en étaient Rosalie et Hector au bout d'un mois. Il faut voir maintenant où en étaient Paméla et Brutus.

IV

Comme nous l'avons dit, une fois le travail du matin terminé, et aussitôt après le déjeuner, M. de Lugano donnait deux heures au soin de ses affaires ou à la promenade. Hector, de son côté, quittait le château, et Brutus et Paméla demeuraient seuls.

La première fois que cela arriva, Paméla, bien qu'elle n'eût aucun sentiment de malveillance contre Brutus, s'assit d'assez mauvaise humeur dans un coin du salon, se voyant réduite à la société de ce grossier paysan. Quant à lui, il se plaça à une autre extrémité, sur le siège le plus étroit qu'il put trouver.

Il faut se sentir à sa place quelque part pour venir s'y mettre à son aise. Brutus avait bien regardé les larges fauteuils, les profondes bergères, les vastes canapés, mais s'y asseoir lui eût paru une impertinence, et probablement il fût resté debout s'il n'eût découvert derrière le piano un petit tabouret très modeste. Il s'y assit et s'y tint immobile.

Paméla, qui travaillait à un ouvrage de tapisserie, se laissa aller à la pensée de son ennui, et oublia tout à fait Brutus. Quant à lui, il ne pensa à rien.

Au bout d'une demi-heure, Paméla avait répété en elle tous les reproches qu'elle avait à faire à sa position solitaire, à la négligence de son oncle, à l'indifférence d'Hector, mais comme, en définitive, tout cela devait se terminer dans deux mois, elle se leva avec l'intention d'échapper à l'ennui, autant que possible, durant ces deux mois, et ne voulut pas rester dans les dispositions fâcheuses où ses réflexions l'avaient plongée.

Comme tous les jeunes cœurs qui commencent la vie avec confiance, elle éprouvait du déplaisir à mal penser des autres, et elle voulut échapper à ces pensées. Elle chercha donc une occupation qui pût l'y arracher, et se leva pour faire de la musique et se mettre à son piano. Alors elle aperçut Brutus droit et immobile sur le tabouret, elle l'aperçut, voilà tout, mais elle n'y prit point garde. Elle chercha dans son casier une partition nouvelle et s'avança vers son piano. Brutus ne bougea pas.

Alors seulement elle remarqua qu'il était à la place qu'elle voulait prendre, et supposant qu'il ne l'avait pas entendue se lever, puisqu'il ne s'était pas levé, elle s'avança doucement derrière lui, et dit avec une voix où perçait l'intention de donner au maître d'école une leçon de politesse :

— Pardon, monsieur, mais je désirerais me mettre à mon piano.

Brutus ne bougea pas davantage; elle se pencha alors vers lui pour le regarder, il dormait profondément.

Il fallait moins qu'une si bonne raison pour excuser Brutus de n'avoir pas cédé sa place avec l'empressement d'un galant cavalier.

Elle se prit à rire de la figure qu'il avait, car, à la posture raide qu'il gardait dans son sommeil, on pouvait voir qu'il avait tout fait pour n'y pas céder. Paméla ne pensant pas plus loin qu'à ce qu'elle voulait, s'approcha de l'oreille de Brutus, et lui cria de toute sa petite voix douce et flûtée :

— Hé! monsieur Brutus! monsieur Brutus!

Le maître d'école se leva par un mouvement si brusque, qu'il fit reculer Paméla; il porta autour de lui ses regards presque effarés, puis il aperçut devant lui cette jeune fille souriant encore, mais d'un sourire où la crainte se mêlait à la moquerie, tandis qu'elle mesurait du regard ce jeune colosse qui avait crié, lui aussi, d'une voix puissante :

— Hein! qui m'appelle?

En voyant Paméla, il devint rouge comme un enfant pris en faute, et se mit à balbutier des excuses.

— Oh! lui repartit Paméla en riant, je ne suis pas comme Hector, je ne demande pas d'excuses : je voulais ma place, je l'ai : c'est tout ce qu'il me faut.

Brutus la regardait faire, il était désolé de s'être endormi; il ne savait pourquoi, mais il voulait s'en excuser. Alors il reprit d'une voix tremblante :

— J'ai été bien malhonnête, n'est-ce pas, mademoiselle Paméla ?

— Vous aviez envie de dormir, vous avez dormi, c'est tout simple, lui répondit-elle en le raillant, mais si doucement que cela ne le troubla pas.

— C'est que, mademoiselle, quand M. le comte m'a dicté son histoire toute la journée, je recopie à la maison tout ce qu'il m'a dicté pour qu'il puisse mieux le lire et le corriger. Alors il faut que je passe toute la nuit au travail, en voilà deux de suite que je n'ai pas dormi du tout... c'est pour ça, voyez-vous, que j'ai eu la malhonnêteté de m'endormir.

Pendant qu'il s'excusait ainsi, Paméla le regardait en dessous; mais ce regard, d'abord plein d'une malice d'enfant, s'était adouci peu à peu et s'était empreint de pitié : elle regrettait presque d'avoir éveillé ce pauvre garçon.

— Il n'y a pas la moindre malhonnêteté à cela, lui dit-elle.

— Je vous demande pardon, fit Brutus d'un ton très sérieux, je sais très bien que ce n'est pas honnête de s'endormir en *société*.

— En société ! dit Paméla en riant du mot et de la prétention de Brutus à la science du savoir-vivre. Mais à la campagne, ajouta-t-elle, quand on est chacun dans son coin, c'est très permis, et en tout cas je vous le permets. Mettez-vous là-bas dans cette bergère, ou passez dans le petit salon à côté, vous y ferez votre méridienne dont vous avez besoin, et le bruit de mon piano ne vous troublera pas.

Tout cela avait été dit simplement, sans autre intention que d'envoyer dormir ce pauvre garçon à son aise.

Brutus, qui avait sur le cœur le remords de l'énorme incongruité qu'il venait de commettre, quitta le salon tout triste et s'en alla dans celui qu'on lui avait désigné. Paméla ne vit rien de tout cela, elle était déjà tout à sa musique, et bientôt elle ne pensa plus à autre chose.

Quelque temps après, M. de Lugano entra et dit à sa nièce :

— Savez-vous ce qu'est devenu M. Brutus ?

Paméla lui répondit sans quitter son piano :

— Je crois qu'il est de l'autre côté qui dort.

— C'est vrai, dit le comte, il doit être fatigué.

Paméla continua à déchiffrer sa partition. Qu'on éveillât ou qu'on laissât dormir M. Brutus, cela lui était fort indifférent.

Cependant, au bout de quelques minutes, le comte, qui sans doute dans la promenade avait fait provision d'idées, voulut reprendre son travail, il ouvrit la porte du second salon pour appeler Brutus et le vit debout, l'oreille tendue et avec une expression de ravissement étonné.

— Hé! dit le comte, vous ne dormiez donc pas ?

L'émotion que Brutus éprouvait devait être bien puissante, car elle le sauva de l'embarras, qu'en toute autre occasion il eût éprouvé à être ainsi surpris en flagrant délit de curiosité.

— Oh! non, monsieur, je ne dormais pas, répondit-il avec l'air d'un homme dont l'ivresse n'était pas encore dissipée.

— Vous écoutiez, à ce que je vois.

Toute la timidité de Brutus lui revint à cette parole qu'il prit pour un reproche, et il repartit en baissant les yeux :

— Oh! non, monsieur le comte, je ne m'étais pas mis là pour écouter, c'était seulement pour mieux entendre.

Qui avait appris à cette rude nature la finesse de cette distinction si vraie ? Car il y a une grande différence entre l'homme qui fait acte de sa volonté pour écouter, et celui qui se laisse entraîner par le bonheur qu'il éprouve à entendre.

C'est que le cœur est le meilleur diseur qu'il y ait au monde quand il ose parler.

Si cela avait été dit par un de ces hommes qui ont assez d'esprit pour qu'on leur fasse des mots, on eût trouvé celui-là d'une rare délicatesse; mais, dans la bouche de Brutus, le comte n'y vit qu'une grosse niaiserie qui le fit sourire.

Paméla seule lui prêta, sinon son véritable sens, du moins une intention dont elle lui sut gré. Pour elle il s'était excusé de l'avoir écoutée comme de s'être endormi, et elle en tira cette conclusion bienveillante, que le pauvre garçon faisait tout ce qu'il pouvait pour ne pas être en faute, et qu'il fallait l'y encourager.

M. de Lugano emmena Brutus, et le lendemain retrouva Brutus et Paméla, seuls encore en face l'un de l'autre.

Cette fois-là il ne s'était pas mis sur le tabouret, et comme Paméla allait et venait dans le salon sans savoir à quoi s'arrêter et sans lui parler, il lui dit :

— Ce n'est pas moi qui vous empêche de faire de la musique, mademoiselle?

— Oh! mon Dieu, non, lui dit-elle avec un petit bâillement. Je m'en suis rassasiée hier.

— Oh! tant pis, dit Brutus.

— Il paraît, se dit Paméla, que j'aurais amusé M. Brutus.

En se disant cela, elle le regarda assez dédaigneusement par-dessus l'épaule. Brutus lui déplut souverainement.

— Ah! çà, lui dit-elle avec l'étourderie d'un enfant qui croit ne pas être blessant parce qu'il traite d'égal à égal ce qui est au-dessus comme ce qui est au-dessous de lui, ah! çà, est-ce que vous allez rester là tous les jours à tourner vos pouces pendant deux heures?

L'attaque était si vive, elle fut si poignante pour le malheureux jeune homme, qu'il ne sut que répondre et qu'il se leva et sortit du salon.

Jamais il n'avait souffert quelque chose de si douloureux, aux jours même où on lui avait fermé la porte de sa maison. Cependant, si on lui eût demandé ce qu'il souffrait, il n'eût pu le dire, et peut-être serait-il difficile de l'expliquer. Il y avait cette différence entre ses premières peines et celle-ci, que ce n'était pas tant une douleur qu'on venait de lui infliger, qu'un bonheur qu'on lui avait arraché.

Autrefois, quand on se montrait dur et injuste envers lui, il se résignait, en se sentant fort pour souffrir et lutter contre sa souffrance. A ce moment, il lui sembla qu'il lui prenait une défaillance de l'âme, comme si la vie lui avait manqué tout à coup.

Il fit quelques pas hors le salon, et tomba assis sur son banc, où il resta immobile.

Paméla n'avait pu s'empêcher de le suivre des yeux, et se dit :

— Allons, le voilà qui va s'endormir là, en plein soleil, il y a de quoi le tuer. Je m'en vais le faire revenir.

Et comptant sur l'attrait qui l'avait si bien séduit la veille, elle se remit à son piano. A peine en entendit-il les premiers sons, qu'il se leva et s'enfuit comme un homme poursuivi par un véritable danger.

Paméla était trop candide pour supposer autre chose que de la bêtise à toute cette pantomime.

Elle quitta son piano, assez piquée d'avoir eu une bonne intention sans résultat, et elle se remit à s'ennuyer et à penser que son cousin, qui savait vivre, était beaucoup plus grossier que ce rustre de la laisser ainsi toute seule. Elle ne s'ennuyait pas moins quand il y était, mais elle ne l'en accusait pas.

Elle fut très aigre pour le fat durant toute la soirée, lorsqu'il reparut au château ; et, comme ils jouaient une partie de billard et que M. Hector la gagnait impitoyablement en la raillant sur sa maladresse et en vantant sa supériorité, elle quitta la partie en lui disant qu'il était insupportable, et alla s'enfermer dans sa chambre où elle se mit à pleurer.

Pourquoi pleurait-elle? C'est que, sans qu'elle pût s'en rendre compte, l'espérance du bonheur, cet ange gardien qui accompagne la vie humaine en la précédant, s'était comme arrêtée dans la route qu'elle suivait pour lui dire :

— Tu ne seras pas heureuse où tu vas.

Ce n'était rien, rien qu'un moment de tristesse, et le lendemain il n'y paraissait plus, mais le cœur avait été atteint, le soleil s'était voilé d'une vapeur, et si légère, si promptement dissipée qu'elle fût, il y avait commencement de doute. Or le lendemain, cependant, rien n'en restait, et Paméla, au contraire, était dans les dispositions les plus heureuses. Hector avait manqué le déjeuner, M. de Lugano avait quitté la table pour recevoir une visite d'affaires. Paméla se leva, et

Brutus fit de même. Mais, au lieu de la suivre au salon, il sortit par la porte du billard. Paméla, qui s'en voulait de l'avoir renvoyé la veille, se retourna et lui dit en courant vers la salle :

— Est-ce que vous savez jouer au billard, monsieur Brutus ?

— Hélas! non, mademoiselle.

— Tant pis! nous aurions fait une partie. Vous devriez apprendre.

— Je ne pourrais pas.

— Et pourquoi ça? Est-ce qu'on ne joue pas au billard dans ce pays-ci?

— Oh si! il y en a un au café du bourg.

— Et il ne vous a jamais pris fantaisie de jouer ?

— Oh! jamais, je vous le jure, dit Brutus, comme s'il repoussait une très grave accusation.

— Jamais! répéta Paméla, c'est étonnant; c'est pourtant bien amusant.

— Je ne sais pas, repartit Brutus, mais c'est que, voyez-vous, mademoiselle, si j'avais essayé pendant que j'étais maître d'école, ça aurait fait mauvais effet, on aurait dit que je n'avais pas de conduite.

— Pour jouer au billard? Mais moi, mon oncle, mon cousin, nous y jouons bien.

— Oh! repartit Brutus avec un sourire naïf, c'est bien différent, vous autres, vous êtes riches, vous pouvez perdre votre temps, au lieu que, parmi nous autres pauvres gens, il n'y a que les paresseux et les mauvais sujets qui passent leur journée au billard. Dame! c'est que, quand on n'a que son travail pour vivre et qu'on ne travaille pas, on n'est pas un honnête homme.

Pour la première fois Paméla regarda Brutus sans trouver à le prendre en pitié ou en rire; il lui sembla qu'il venait de dire gravement et convenablement une vérité grave, et pensa qu'il fallait être sérieuse avec cet honnête homme.

Elle lui répondit donc doucement :

— Je comprends cela, monsieur Brutus, mais ici cela n'a pas le même inconvénient, et puisque vous n'avez rien à faire; si vous vouliez essayer, je vous enseignerais, moi.

Brutus accepta, il fut d'abord bien gauche, et malgré sa belle résolution d'être très indulgente pour Brutus, Paméla se moqua de lui, riant de tout son cœur quand il faisait quelque grosse maladresse ; mais cette gaieté était bonne et franche, Paméla était heureuse de rire, et Brutus ravi de la faire rire si joyeusement.

Et puis c'était déjà entre eux un commencement de familiarité. Ils se parlaient et se répondaient sans s'écouter, sans s'observer, et il se trouvait que Brutus savait très bien parler de choses indifférentes. D'où venait donc qu'il y eût des circonstances où il avait l'air si embarrassé ? C'est que dans ce moment il ne sentait plus l'humilité de sa position, c'est que rien ne le troublait, pas même le bonheur qu'il éprouvait, il se sentait joyeux comme on est joyeux par un beau jour, parce que l'air est facile à respirer et que le soleil vous réjouit les yeux. Il en fut ainsi pendant quelques jours, Paméla donnant ses leçons, Brutus les recevant et en profitant si bien, que bientôt il en savait plus que son maître; et cependant Paméla gagnait toujours.

C'est que ce gros paysan avait mieux compris que le fat élégant qu'il y a de petites vanités qu'il faut savoir ménager. Et cependant ce n'était pas un défaut que Brutus voulait flatter, c'était un plaisir qu'il laissait prendre à cette jeune et charmante enfant qu'il aimait.

C'est nous qui écrivons ce mot, mais ce n'est pas Brutus qui le pensait. Lui, aimer Paméla! Ah! s'il eût eu ce soupçon contre lui-même, il n'eût pas été si heureux, si calme, si ravi.

Et cependant, s'il se fût interrogé sérieusement, il eût reconnu que sa vie présente n'était plus ce qu'avait été sa vie passée. Ce n'était pas sa meilleure position de fortune qui l'avait changé ainsi, car de ce côté il n'y avait pensé que pour les autres.

Mais pourquoi était-il si discret pour ce bonheur ineffable et profond qu'il éprouvait? Pourquoi s'en allait-il le soir seul à travers la campagne, marchant rapidement, la poitrine ouverte et le front haut? Pourquoi montait-il ainsi sur les hautes collines des environs pour se cacher au pied d'un arbre et attendre la nuit, sans pensée, sans désir, sans raison ?

Et cependant ce n'était pas l'image de Paméla, ce n'était pas sa personne qui le préoccupait ainsi, quoique ce fût elle qui lui eût donné cette vie. Il aimait, mais sans conscience de sa passion, et l'on peut dire qu'il vivait dans son amour, comme on vit dans l'atmosphère, sans la voir et la toucher. Il en buvait le parfum sans avoir pensé que c'était la fleur qui vivait près de lui qui embaumait ainsi son existence.

Et c'est ce qui fit son mal, car s'il l'avait rêvé un moment, il se fût éloigné comme s'il eût profané cette fleur en la respirant, même de loin.

Quant à Paméla, elle n'était ni heureuse, ni émue ; seulement ses heures lui paraissaient moins longues, et Brutus lui semblait être venu fort à propos pour l'aider à les remplir, voilà tout.

Cependant elle s'aperçut un jour du soin qu'il mettait à lui laisser toutes les victoires, et lui en fit une très vive querelle : « Il ne se donnait même pas la peine de jouer, il la traitait comme un adversaire indigne de lui : à ce compte, le jeu de billard devenait fort ennuyeux. » Après ce petit emportement, elle jeta les queues et les billes à travers la salle et s'en alla dans le salon. Brutus resta atterré et n'osa la suivre, elle revint sur ses pas, et lui dit avec encore plus de brusquerie :

— Eh bien ! est-ce que vous restez là ?

— Mais je ne savais pas... je n'osais pas... dit Brutus en balbutiant.

— Eh bien ! lui dit naïvement Paméla, que voulez-vous que je fasse toute seule ?

C'était là assurément un grand aveu ; mais ni elle ni Brutus ne s'en doutèrent, et cependant elle venait de dire que Brutus était devenu pour elle sinon une nécessité, du moins une habitude. Cet homme, qui lui avait semblé un importun et puis un indifférent, s'était mêlé à sa vie assez pour la remplir quelques heures.

Cependant il y avait bien loin de là au ravissement qu'éprouvait Brutus, et si Hector avait bien voulu revenir à ce moment, on eût bien vite éloigné le pauvre maître d'école, mais Hector ne revint pas, et les deux jeunes gens restèrent encore dans leur solitude.

V

Ce qui faisait que Paméla supportait la société de Brutus ne tenait à aucun sentiment d'affection, d'intérêt ou même d'estime pour ce jeune homme, elle n'avait ni bonne ni mauvaise opinion de lui, elle n'avait pas pensé à le juger.

Quelquefois, il est vrai, elle lui trouvait des reparties qui lui semblaient spirituelles, parce qu'elle ne savait pas que le plus élevé et le plus fécond de tous les esprits, c'est le bon sens. Plus souvent elle comprenait que le cœur de cet homme devait être bon, mais ce n'étaient que des impressions passagères qui ne duraient pas plus que la circonstance qui les avait fait naître.

Comme personne ne l'avait interrogée sur le compte de Brutus, et qu'elle était bien loin de penser à s'interroger elle-même, Paméla n'avait pas d'avis sur ce qu'il pouvait être, elle ne s'en occupait pas, elle passait son temps avec lui, il est vrai, mais seulement parce qu'il était là, comme son piano, sa tapisserie, ses crayons, et sans doute, si Brutus s'était éloigné, il n'eût pas fait un vide beaucoup plus grand que si on lui eût enlevé un de ces objets qui faisaient son occupation de tous les jours.

Mais il ne devait pas en être ainsi. Brutus demeurait et mieux valait encore Brutus que les autres choses, pour lesquelles d'ailleurs il lui restait toujours plus de temps qu'elles n'en pouvaient remplir.

Or, comme le billard avait été déclaré ennuyeux, il fallait recourir à un autre amusement.

Ce n'était pas facile à trouver, et les deux ou trois jours qui suivirent la petite scène que nous avons dite plus haut furent plus languissants que les précédents, la conversation y prit plus de place et Brutus fut obligé plus d'une fois de raconter quelle avait été sa vie.

Si Brutus eût fait un pas dans le cœur de Paméla, si elle l'eût considéré comme un personnage d'importance, si minime qu'il fût vis-à-vis d'elle, un pareil récit eût fait beaucoup de tort au maître d'école. Il était trop franc pour ne pas dire toute la vérité, et cette vérité n'était pas de nature à le relever aux yeux d'une fille inexpérimentée.

Nulle femme n'apprend sans honte pour elle-même que l'homme à qui elle s'intéresse a été longtemps dans une position servile et humiliée; la pitié que ce malheur peut lui inspirer ne saurait entrer en lutte avec le dépit qu'elle en éprouve. Mais, pour que cela soit ainsi, il faut, disons-nous, que cet homme la touche en quelque chose, et Paméla n'en était pas, vis-à-vis de Brutus, à se sentir blessée d'avoir permis sa compagnie à un pauvre diable qui avait été toute sa vie l'objet du dédain de tout le monde. Elle ne vit dans tout cela que deux choses bien différentes, c'est l'étrange résignation de Brutus d'un côté, et de l'autre qu'il savait jouer du fifre.

Sur le premier chapitre, l'imprudente laissa échapper de ces mots d'enfant dont la portée lui échappait, mais qui, recueillis dans le cœur de Brutus, y devaient germer et grandir en sentiments tout nouveaux.

— Comment, lui disait-elle, quand les écoliers du lycée vous battaient ainsi, vous ne le leur rendiez pas ?

— Non, disait Brutus. Que vouliez-vous que je fisse, moi qui n'avais ni famille ni personne pour me soutenir contre ces jeunes gens, qui m'auraient fait punir si j'avais voulu me venger ?

— Ah bien ! reprenait Paméla, ça m'eût été bien égal à moi ; et si vous leur aviez donné quelques bonnes leçons, ils y auraient regardé à deux fois.

— Vous ne savez pas ce que c'est, reprenait Brutus, que de n'être rien, que de ne tenir à rien.

— Je sais, je sais, disait Paméla d'un ton délibéré et en faisant une petite moue menaçante, que si j'avais été garçon, je ne me serais pas laissé mener comme cela, je me serais battue contre le fils du roi, s'il avait voulu me toucher ; et, après tout, un homme en vaut un autre, surtout quand il s'agit de se défendre.

Voilà les paroles insouciantes que Paméla disait au hasard, phrases toutes faites qu'elle répétait sans y attacher d'importance, paroles graves, phrases brûlantes qui recevaient, sans qu'elle s'en doutât, une application immédiate : prononcées par la jeune fille comme un propos indifférent, reçues par le jeune homme comme un enseignement de ce qu'il devait être.

Non que Brutus, en se sentant pris du désir de s'estimer autant qu'un autre, fît monter cette estime de lui-même jusqu'à penser que Paméla pourrait la partager ; ce n'était encore que pour quelques grossiers paysans qui abusaient de sa bonhomie qu'il trouvait qu'il pouvait et devait se relever ainsi, mais avant d'aller plus loin, il fallait d'autres lumières à cette âme obscure où aucun jour n'avait encore pénétré.

Cependant, Paméla n'avait pas oublié le talent de Brutus sur le fifre, et elle voulut en juger. Brutus obéit, et le lendemain il apporta son fifre.

On ne peut se faire une idée de la folle gaieté de Paméla en entendant et en regardant le maître d'école jouant, avec un aplomb imperturbable, un pas redoublé des plus gothiques, tandis qu'il marquait la mesure en se balançant d'un pied sur l'autre, comme un cheval qui piaffe, elle s'était jetée dans un fauteuil en se bouchant les oreilles et en lui criant :

— Assez! assez!

— Est-ce que ce n'est pas bien ? dit Brutus.

— Mais c'est à faire fuir un régiment, reprit Paméla.

— Ah! repartit le maître d'école en démontant son fifre et en le remettant impassiblement dans sa poche, je ne sais que ce qu'on m'a appris.

— Je vous conseille alors d'étudier autre chose.

— J'ai essayé et je n'ai pas pu réussir.

— C'est donc trop difficile ?

— Oh non! dit Brutus, c'est que je ne l'ai entendu qu'une fois.

— Qu'est-ce donc ?

— Vous savez bien, cette musique que vous avez jouée un jour ?

— *La Vestale!* s'écria Paméla en frappant dans ses mains, le second acte de *la Vestale* sur le fifre, ça doit être magnifique! Je veux entendre ça!

— Je vous dis que je ne le sais pas bien.

— C'est égal, je veux l'entendre !

— Et puis, dit Brutus, c'est sur la flûte et non pas sur le fifre que je l'ai essayé.

— Ah! dit Paméla, ça n'est plus si drôle. C'est égal, jouez-le-moi.

— Mais je n'ai pas apporté ma flûte.

— Puisque je vous avais prié de montrer

votre talent musical, il fallait venir avec tous vos instruments.

— Vous ne me l'aviez pas dit, repartit Brutus, d'ailleurs je ne le sais pas.

— Eh bien! dit Paméla en le regardant en riant, vous l'étudierez, et, si vous voulez, je vais le jouer

— Oh oui! oui! dit Brutus.

Et pour la première fois de sa vie il manifesta un désir empressé, il ouvrit le piano, approcha le tabouret, apporta la partition et se tint près de Paméla.

Elle chercha le duo du second acte et se mit à en jouer avec un doigt la cantilène, *la Fille de Saturne entend notre prière.*

— Est-ce ça? dit-elle.

— Oui, c'est ça! reprit Brutus les yeux animés.

Elle reprit quelques mesures avant, et au moment où elle allait jouer sur l'instrument la phrase du chant, elle entendit Brutus qui la marmottait sans desserrer les dents, mais qui n'en manquait pas une note.

Elle se tourna vers Brutus et lui dit d'un ton fort étonné :

— Mais vous savez la musique?

— Je crois bien que je la sais!... répondit Brutus avec l'accent d'un homme qui se rappelle d'affreux souvenirs. Imaginez vous, mademoiselle, que nous avions pour professeur de musique un vieil Allemand qui avait servi autrefois en Russie. Il me disait toujours :

« Ah! trolle, trolle, che te ferai chouer jiste. Je t'apprentrai à tégiffrer, trolle! »

Et là-dessus, il me donnait trois ou quatre gifles et m'envoyait en prison, au pain et à l'eau, jusqu'à ce que je susse mon morceau sur le bout du doigt.

— La méthode est un peu rude, dit Paméla, mais aujourd'hui vous devez lui en savoir gré.

— Lui savoir gré de m'avoir traité comme un nègre!

— Non, dit Paméla, mais de vous avoir donné un talent fort rare, car je vous jure qu'il y a fort peu de gens capables de lire ainsi la musique à livre ouvert.

— Bah! fit Brutus, stupéfait de ce qu'il se trouvait avoir un talent.

— Mais, fit Paméla, je vais peut-être bien vite, ce motif vous est peut-être resté dans la tête ; voyons si je ne me suis pas trop pressée de vous accorder du talent. Voici un morceau que vous n'avez pas entendu.

Elle chercha dans la partition et lui indiqua l'air de Cinna, au premier acte.

Non seulement Brutus lut la musique, quoique les intonations en soient assez difficiles, mais même il lut encore les paroles. Paméla l'accompagnait avec un soin, une attention extrêmes, le suivant avec complaisance, marquant la mesure par des mouvements de tête, donnant la note d'avance quand elle prévoyait que le lecteur serait embarrassé: Puis, lorsqu'il eut fini, elle se tourna vers lui le visage radieux, en s'écriant avec une joie charmante :

— Ah! que c'est gentil!... que c'est gentil... nous ferons de la musique ensemble!

— Je veux bien, dit Brutus, nous chanterons le grand duo du second acte... ah! ce sera charmant!

Et l'idée qu'elle avait trouvé quelqu'un avec qui faire de la musique la ravit tellement, que ce fut pour elle une journée charmante passée sur une espérance de plaisir que le lendemain devait réaliser.

Mais le lendemain arriva que ni M. de Lugano ni Brutus ne quittèrent le cabinet de travail, et que M. Hector ayant déjà pris l'habitude de disparaître après le déjeuner, Paméla demeura seule.

Jamais Paméla n'éprouva plus d'ennui et plus de dépit, mais ce dépit et cet ennui ne tournèrent pas du même côté qu'autrefois. Quelque temps avant ce jour, quand Brutus l'avait laissée, c'était à l'absence d'Hector qu'elle avait pensé, cette fois, ce fut Brutus qui lui manqua et qu'Hector n'eût pu remplacer, car il ne savait pas la musique comme Brutus. Le rustre avait donc déjà une supériorité sur le beau fat.

Paméla s'ennuya à périr, et, ne sachant que faire, elle prit ses crayons et se mit à dessiner.

Les idées les plus sombres passent vite dans une jeune tête. Cette occupation, à laquelle

elle ne s'était pas livrée depuis longtemps, l'intéressa comme toute chose nouvelle ou oubliée, ce qui est absolument semblable. Son dessin l'intéressa d'autant plus qu'elle s'était imposé une tâche fort amusante, c'était de faire la caricature de Brutus jouant du fifre.

Ce grand gaillard de cinq pieds huit pouces, avec ses épaules d'Atlas, des mains à briser un arbre, un visage de tambour-major, posé comme un berger arcadien et tenant un petit fifre dans ses dix grands doigts, avait semblé à Paméla devoir être fort grotesque.

Elle se mit à l'œuvre et posa assez bien la tenue raide et lourde de son personnage, mais, lorsqu'elle voulut caractériser ses traits, elle ne put y parvenir ; elle n'en avait aucun sentiment, et elle s'aperçut que, depuis quinze jours qu'elle voyait Brutus, elle ne l'avait pas encore regardé. Elle n'en continua pas moins son dessin en se disant :

— Bon, demain je l'étudierai bien.

Le lendemain arriva, et à peine Brutus fut-il seul avec elle, qu'il lui dit :

— Aujourd'hui, M. le comte n'a pas à travailler avec moi, nous pourrons faire de la musique.

— Du tout, du tout, lui dit Paméla qui avait couvé vingt-quatre heures son désir de le caricaturer et qui en était d'autant plus impatiente, une autre fois. Mettez-vous là.

Et elle le fit poser comme s'il jouait du fifre, les bras en l'air.

Il faut l'avouer, l'ensemble de Brutus était tout à fait bête dans cette posture, mais ce n'était plus la posture qu'il s'agissait de saisir, c'étaient ses traits, et Paméla regarda Brutus avec une vive attention. Brutus avait une admirable tête, non pas pour Paméla, jeune fille ne regardant en lui qu'un paysan mal tenu, mal peigné et hâlé par le soleil, mais le regardant comme un modèle.

Toutes les lignes de ce visage étaient nobles et d'un caractère élevé. Elle n'en témoigna d'autre surprise que de marmotter entre ses dents, tout en traçant quelques lignes :

— Ça sera difficile !

Cependant, sans que Brutus bougeât, son regard avait été chercher sur le papier le dessin que faisait Paméla. Il s'était reconnu, et reconnu ridicule.

Il laissa tomber ses bras, et ses yeux se baissèrent vers la terre, les plis de son front se serrèrent convulsivement, une pâleur mate se répandit sur son visage ; et lorsque Paméla releva les yeux sur lui, elle fut si frappée de cette expression de douleur et de colère, que, par un mouvement involontaire, elle cacha son esquisse avec ses mains, et demeura immobile à considérer Brutus.

A ce moment il leva les yeux sur elle ; le visage du pauvre diable reprit son calme, et, voyant Paméla ainsi immobile, il lui dit d'une voix qu'il essaya de rendre gaie :

— C'est égal, mademoiselle Paméla, continuez, si cela vous amuse.

Paméla prit son papier, le déchira à l'instant et dit affectueusement à Brutus :

— Non, non... c'est mal ce que j'ai fait là ; je n'ai pas voulu vous faire de la peine. Mais, si vous saviez, ajouta-t-elle en frappant du pied, si vous saviez, quand on s'ennuie! Oh! tenez, je suis bien malheureuse.

— Malheureuse! répéta Brutus, pour qui les mots de souffrance avaient leur juste valeur, et qui ne savait pas que les gens du monde appliquent les plus graves aux plus légers ennuis.

— Oui, reprit Paméla, qui ne s'aperçut pas de l'importance que Brutus avait mise à son exclamation; oui, malheureuse! En vérité! je ne sais plus que faire dans ce château!

— Hier, lui dit Brutus, vous aviez parlé de musique.

— La musique m'ennuie, dit Paméla, à qui ses distractions avaient manqué les unes après les autres, et qui n'en voulait plus quand elles se représentaient.

— Mais alors qu'allez-vous faire?

— Eh bien! dit Paméla, allons nous promener.

Ils sortirent tous deux dans le parc et se promenèrent d'abord assez paisiblement, Paméla disant à Brutus le nom des fleurs, Brutus disant à Paméla le nom des arbres.

Puis vint un beau papillon qu'elle voulut

avoir, et en peu d'instants elle avait enveloppé le léger insecte dans les plis de son écharpe; mais, pour en venir à bout, il lui avait fallu courir, et elle revint toute haletante, tout animée de plaisir, en disant à Brutus :

— Voyez comme il est beau !
— Il est superbe, en effet, dit Brutus.

Et pour la première fois, en parlant ainsi, c'est Paméla qu'il regarda, Paméla dont le cœur battait, dont les cheveux volaient à l'air, Paméla qui lui prit familièrement le bras et qui dit en s'y appuyant :

— Ah ! en courant, je me suis heurtée à une pierre; je me suis fait un mal affreux.

Ils firent quelques pas et ils s'assirent sur un banc.

Brutus ne disait rien, Brutus était plongé dans un étonnement inouï, il s'était assis parce qu'il se sentait chanceler, il lui semblait que l'air qu'il respirait l'oppressait, le parfum des fleurs lui montait à la tête, il se croyait malade.

Paméla lui dit :
— Mais qu'avez-vous donc ?
— Je ne sais pas, répondit-il. Je n'ai jamais été ainsi.
— Eh bien, restons là un moment.

Ils demeurèrent l'un près de l'autre.

Un oiseau chantait au-dessus de leurs têtes. Paméla se laissa aller à l'écouter.

Quant à Brutus, il était abîmé dans le trouble nouveau qu'il éprouvait.

— Quel est cet oiseau qui chante? dit Paméla.

Brutus ne répondit pas, mais Paméla ayant renouvelé sa question, il répondit comme un homme qui s'éveille :

— Ça? c'est un chardonneret.

— Ah! fit Paméla, cet oiseau qui a un si joli plumage! Je voudrais bien en avoir un.

Brutus leva la tête, et vit le nid perché aux branches les plus élevées d'un grand orme.

— Ça n'est pas difficile, lui dit-il. Je vais vous en avoir deux ou trois.

Et, sans autre observation, il dépouilla son habit, et s'attachant au tronc de cet arbre, il le gravit avec rapidité.

— Que faites-vous? criait Paméla, vous allez vous blesser!

Mais il ne l'écoutait pas ; et avec l'agilité vigoureuse et hardie d'un athlète, il eut bientôt atteint le sommet de l'arbre, et puis le nid.

Paméla l'avait suivi des yeux avec cet effroi bien naturel quand on voit quelqu'un courir un danger quelconque. Cet effroi s'était calmé en voyant l'adresse avec laquelle Brutus avait réussi.

Mais, quand elle le vit redescendre, tenant le nid d'une main et s'aidant seulement de l'autre, elle éprouva une véritable terreur, et elle ne cessa de crier :

— Oh! prenez garde! prenez garde, monsieur!... quelle imprudence!

Cependant, au moment où Brutus allait arriver à terre sans accident, le pied lui manqua, et il sembla qu'il allait être précipité et brisé sur le sol.

Paméla poussa un cri en se cachant les yeux. Mais presque aussitôt elle entendit la voix de Brutus qui lui dit :

— N'ayez pas peur, ils ne sont pas tombés, je les tenais bien.

Paméla, tremblante et pâle, regarda en l'air, elle vit Brutus qui s'était raccroché à une forte branche, et dont tout le corps était dans l'espace, suspendu par une seule main et tenant le nid de l'autre.

— Oh! mon Dieu! mon Dieu! dit-elle. Mais vous allez vous tuer!

— Non, non, dit-il, tendez votre robe pour attraper le nid, ces pauvres chardonnerets! ils sont tout effarés.

Paméla fit machinalement ce que Brutus lui disait, elle reçut le nid dans sa robe, puis elle le regarda se rattraper de ses deux mains à cette branche et regagner le tronc de l'arbre pour descendre jusqu'à terre.

Alors seulement elle retomba assise sur son banc, aussi pâle qu'elle était animée un instant avant. Brutus s'approcha, et, prenant les chardonnerets qu'elle avait posés près d'elle, il dit :

— Bah! ils n'ont rien du tout, ma foi, j'ai eu bien peur pour eux!

— Pour eux! dit Paméla, mais pour vous?

— Pour moi, dit-il, oh! j'étais bien sûr de

me rattraper toujours quelque part, heureusement que je n'ai pas perdu la tête et que je les ai bien tenus en équilibre, enfin vous les avez, voilà l'essentiel.

Paméla, qui avait témoigné ce désir sans supposer que ce fût autre chose qu'une vaine parole dite au hasard, Paméla ne se remettait pas de l'émotion qu'elle avait éprouvée.

Quant à Brutus, il était redevenu tranquille, et ce fut son tour de remarquer que Paméla était pâle, et il lui en demanda la cause.

— Oh! lui dit-elle, vous m'avez fait une peur affreuse, rentrons à la maison, je vous en prie.

— Et ces pauvres petits, dit Brutus, vous les laissez là?

— Mais, dit Paméla avec une impatience triste, que voulez-vous que j'en fasse?

— Ah! fit Brutus, vous n'en vouliez donc pas?

— Mais j'ai dit cela comme autre chose, et puis je ne pensais qu'à ce chardonneret qui chantait si bien.

— C'est bien, fit Brutus, je vais vous reconduire, puis je reviendrai et je les remettrai dans l'arbre.

— Oh! pour cela, je ne veux pas, dit Paméla vivement. J'aime mieux les emporter.

— Non, non, dit Brutus, je les garderai, moi, je les élèverai, et quand ils sauront chanter, si vous les voulez, je vous les rendrai. Si vous n'en voulez pas, je leur donnerai la volée.

— Après les avoir élevés ?

— Oh oui ! dit Brutus, quand ils seront assez forts pour voler et trouver leur pâture. Après tout, il ne faut pas que ces pauvres bêtes souffrent de ma bêtise.

— Non, monsieur, dit Paméla, c'est de mon étourderie qu'ils ne doivent pas souffrir ; donnez-les-moi, je les garderai, j'en aurai soin, je vous le promets.

Et comme Paméla disait cela avec un accent ému, et que Brutus la regardait avec étonnement, elle ajouta :

— Oh ! il ne faut pas penser que je suis dure et sans pitié ; vous ne me croyez pas bonne, ah ! monsieur Brutus, cela n'est pas bien

En effet, la sollicitude de ce grand jeune homme pour ces frêles petites créatures, quand Paméla disait ne savoir qu'en faire, avait semblé à Paméla un reproche indirect de son indifférence. Il n'y avait pas mis d'intention, mais Paméla l'avait aussi senti.

Lorsque Brutus eut quitté Paméla après cette scène, elle resta longtemps à penser que c'était une bonne et simple nature que celle de ce jeune homme. Ce jour-là le sommeil ne la gagna pas comme à l'ordinaire : une agitation fiévreuse, qu'elle attribuait à la peur qu'elle avait eue, la tint éveillée jusqu'au milieu de la nuit.

Cependant, elle était déjà plongée dans un vague assoupissement lorsqu'il lui sembla qu'un chant doux et lointain la berçait comme une chanson de mère qui endort son enfant. Sans se rendre compte de ce qu'elle faisait, elle suivit d'une voix endormie cette mélodie aérienne, et murmura doucement : *la Fille de Saturne entend notre prière*, et s'endormit tout à fait.

Le lendemain, elle n'y pensait plus, et peut-être le souvenir ne lui fût-il jamais revenu si, pendant le déjeuner, Hector n'eût dit :

— Ah çà ! mais ce pays est donc plus civilisé qu'on ne pense, il y a des musiciens.

— Bah! dit Paméla d'un air railleur.

— Oui, vraiment, il y a dans les environs un flûteur qui a écorché toute la nuit des bribes de *la Vestale*.

Brutus devint rouge et baissa les yeux, Paméla se souvint de ce chant si douteusement arrivé jusqu'à elle, et dit cette fois, autant par pitié pour Brutus que par dépit contre Hector :

— Mais cela m'a paru très bien, à moi.

— Vrai? dit M. de Lugano, je voudrais que ce fût quelqu'un qu'on pût recevoir, tu pourrais faire de la musique avec lui.

Brutus ne dit rien, et Paméla se tut.

Il y avait déjà un secret entre elle et lui, car elle savait que c'était lui qui avait joué et elle ne voulait pas le dire, elle se rappelait tout maintenant. Puis, lorsqu'ils furent seuls, le premier mot de Brutus fut :

— Est-ce vrai, que c'était bien?

Elle n'eut pas le courage de lui répondre que c'était à peine si elle l'avait entendu, et elle lui dit que c'était très bien. Elle ne voulait donc plus l'affliger.

M. de Lugano demeura près d'eux et causa avec Brutus devant Paméla. Ils causèrent gravement, et voilà qu'elle apprit que M. de Lugano écoutait avec attention les idées de Brutus, que ces idées étaient grandes, élevées, généreuses, et que non seulement il y avait une belle âme, mais encore un noble esprit sous cette enveloppe de rustre. La pauvre enfant pensa cela et se trouva malheureuse.

Brutus n'était pas aimé encore, mais Hector était jugé bien petit.

Puis, quand la nuit fut venue et qu'elle allait s'endormir, elle entendit ce même chant lointain, mais cette fois il l'éveilla, elle ouvrit sa fenêtre et écouta.

La brise du matin apportait inégalement ce chant large et pur, et en rendait au hasard les tons plus pleins ou plus doux. C'était une expression aérienne et insolite qui fit longtemps écouter Paméla jusqu'à ce que le chant cessât. Le lendemain, quand elle s'éveilla, elle était triste et sérieuse.

A son heure de tous les jours, Brutus, déjà plus hardi, lui parla de faire de la musique.

La raison qu'elle lui donna pour le refuser n'était pas celle de son cœur; car, par un instinct secret de prudence, elle sentait qu'i fallait qu'elle séparât ses émotions de celles de ce jeune homme, et cette musique inconnue l'avait émue profondément; mais cette raison fut peut-être encore plus dangereuse, car elle lui dit :

— Si nous faisions de la musique ensemble, on saurait que c'est vous qui jouez de la flûte, et nous ne l'avons pas dit.

— J'aurais bien voulu cependant apprendre le reste de cette belle pièce.

— Eh bien ! dit-elle en s'éloignant, emportez la partition.

— Oh merci ! dit Brutus, et vous verrez comme j'étudierai bien.

Elle ne comprit pas comment elle pourrait le savoir ; mais le soir venu, elle entendit une nouvelle mélodie puisée dans ce riche trésor, mélodie que la nuit lui apportait et qu'elle écoutait en rêvant et en pleurant, ne sachant pourquoi ; et tous les soirs elle restait près de sa croisée ouverte pour l'entendre.

Savait-il qu'elle l'écoutait ? Était-ce pour elle qu'il venait ainsi ?

Brutus n'osa le demander de peur d'apprendre qu'elle ne l'écoutait pas. Elle n'osa le demander de peur d'être sûre que c'était pour elle qu'il venait.

Ce fut alors qu'elle interrogea son âme, et telle en était la candeur, qu'elle n'y vit que le chagrin de l'abandon où la laissait Hector. Comme si c'eût été un refuge, elle se tourna tout entière vers ce chagrin, elle se dit qu'elle n'était pas aimée, et quoiqu'elle n'aimât pas, elle appelait cet amour à son aide, elle en eût été si reconnaissante, qu'elle l'eût presque rendu. Mais Hector trouva charmant de faire le cruel.

Ce fut d'abord des colères dont il rit, puis des tristesses dont il fut fier. Toutefois Paméla les cachait encore, mais bientôt elle les laissa voir assez pour que Brutus devinât qu'elle pleurait souvent.

Un jour donc, Hector, prié par Paméla de demeurer, l'avait assez cavalièrement refusée ; la jeune fille était affaissée dans une vaste bergère, et peu à peu de grosses larmes s'étaient échappées de ses yeux.

Brutus la contemplait, elle ne pensait pas qu'il fût là, elle ne pensait pas à lui, et elle pleurait toujours.

— Mais, lui dit-il, mademoiselle Paméla, mon Dieu ! qu'avez-vous ?

Elle le regarda sans cesser de pleurer, et elle s'écria :

— Ah ! monsieur Brutus, cette fois, c'est vrai, je suis bien malheureuse !

— Mais qui vous fait donc du chagrin ? est-ce que c'est...

Toute sa retenue de jeune fille était revenue à Paméla.

Après ce premier cri de douleur arraché au désespoir d'un cœur pur qui se sent pris d'un vertige inexplicable, et à qui l'on retire la seule main qui pût l'en arracher, Paméla se domina et répondit doucement, en l'empêchant de prononcer un nom qu'il avait deviné ;

— Ce n'est rien, monsieur Brutus, je suis malade...

Puis elle se mit à causer avec une vivacité et une verve étonnante, et parmi tout ce qu'elle dit à Brutus, elle lui glissa l'intention où elle était de savoir ce que devenait ainsi Hector tous les jours; elle était bien sûre que Brutus le saurait, car elle avait appris, par bien d'autres preuves, qu'un désir manifesté devant Brutus était un ordre auquel il obéissait.

C'était un esclavage étrange que celui de cet homme; ce qu'on lui demandait, il le faisait, mais il ne savait pas prévenir un désir, et cela tenait, il faut bien le dire, à l'humilité même de son dévouement. Obéir, c'est faire sûrement ce qu'un autre désire, c'est ne se compter pour rien dans ce qu'on fait. Prévenir, c'est s'attribuer une part dans le plaisir qu'on donne, c'est supposer que si celui qui reçoit n'est pas heureux de ce qu'on lui offre, il le sera de l'intention, et Brutus ne pensait pas que Paméla pût lui savoir gré de tout ce qu'il eût essayé de faire pour elle.

Or ce fut le jour où Brutus se rendit au bourg pour acheter cette fameuse paire de bottes, que Paméla lui demanda, comme une femme sait demander ces choses-là, ce que son futur, M. Hector, faisait tous les jours pendant six heures qu'il passait hors du château.

VI

Qu'il y ait plus de vertus au village qu'à la ville, c'est une question qui sera controversée durant des siècles, sans arriver jamais à une solution.

Toutefois, il est permis de croire à l'hospitalité champêtre, à la bonne foi campagnarde, au désintéressement villageois, comme à l'austérité du barreau, à la confraternité littéraire et à la probité commerciale : ce sont là des généralités fort commodes pour faire des phrases, et qu'il est prudent de ne pas déprécier quand on est appelé à en faire un usage fréquent, mais en supposant au village toutes les vertus que nous avons dites, il faut reconnaître qu'il possède des vices qui lui sont très particuliers par le degré auquel il les pousse.

Parmi ces vices, il y en a un qui fait exception dans les exceptions, c'est la haine envieuse et méprisante qu'on y professe pour tout ce qui est étranger au territoire du village et pour ce qui distingue des habitudes de tous. Le paysan qui a vendu son bois et son vin à un nouveau venu, trouve que celui-ci est très insolent et très inhumain de boire ce vin et de brûler ce bois qu'il a payés deux fois leur valeur; c'est un homme qui insulte à la misère du pays.

Mais cette malveillance, qui ne fait que murmurer quand le naturel de l'endroit est l'obligé de l'étranger, devient farouche et parle haut quand elle croit que c'est l'étranger qui vit aux dépens de la commune.

Aussi, tant que le maître d'école avait exercé, il y avait eu contre lui une vive opposition basée sur les prodigalités du conseil municipal à son égard. Au dire des plus modérés, « c'était un fainéant qu'on logeait dans un palais et à qui on prodiguait l'argent que les habitants laborieux gagnaient à la sueur de leur front. »

Pour la moitié du peuple et pour beaucoup de déclamateurs, tout métier où l'on ne sue pas est un métier de paresseux. « N'est-il pas d'ailleurs scandaleux qu'un maître d'école ait cent écus de revenu, quand de bons et honorables fermiers, chargés de famille, étaient loin de posséder une pareille fortune! »

Dans cette dernière accusation, il faut le dire, la stupide ignorance entrait pour autant que la méchanceté.

Il serait très difficile de faire comprendre à un paysan que ce qu'il boit du lait de ses vaches et du vin qu'il récolte, que ce qu'il mange de ses fruits et de son grain; que ce qu'il use de sa laine ou de son chanvre doit être compté dans ses revenus. Il se nourrirait et se vêtirait, lui et dix personnes de sa famille, sur la propriété qu'il exploite, qu'il ne regarde comme fortune que la portion de ses produits qui au bout de l'année se condense en écus.

Or Brutus recevait ses trois cent cinquante francs en argent monnayé qui révoltait le paysan. Et de bonne foi il trouvait que celui qui peut s'acheter son pain est bien plus riche que celui qui se le fabrique à lui-même.

Ces fâcheuses dispositions contre le maître d'école avaient pris d'autant plus de développement, qu'il ne frayait pas avec les autres habitants.

— Il faisait le fier, disait-on, un misérable, qui sans eux serait mort de faim, tranchait de l'aristocrate et du grand seigneur, c'était intolérable !

Et probablement cela n'eût-il pas été toléré bien longtemps, lorsque Brutus obtint une place chez M. de Lugano.

Brutus donna sa démission de sa charge de maître d'école, ce fut une infamie, il n'avait pas le droit d'abandonner les nombreuses éducations qu'il avait commencées, tout l'argent qu'il avait reçu était volé. Il paya le loyer de la maison qu'on lui avait concédée autrefois, ce fut une dérision, et il usurpait la jouissance des biens communaux, il avait douze cents francs chez M. de Lugano, c'étaient douze cents francs que ce vagabond, qui n'avait ni feu ni lieu, enlevait au pays.

En effet, s'il n'était pas venu s'y établir, un autre que lui eût eu cette place, le fils du charron, qui savait lire et écrire, aurait été secrétaire de M. le comte et eût épousé la fille du maire. Le neveu, le gendre, le frère, l'oncle et le cousin de n'importe qui, l'eût obtenue et fût devenu riche et heureux.

De bon compte, Brutus avait empêché le bonheur et la fortune de vingt personnes, et en additionnant toutes les espérances fondées sur ces douze cents livres, il faisait tort à la population de Bourgoing d'au moins trente mille francs par an. On le haïssait donc en masse pour cette énorme somme.

Brutus savait très bien qu'il n'était pas aimé, mais, comme il vivait tout à fait en dehors du village, tous les mauvais sentiments qu'on nourrissait contre lui ne lui arrivaient que de loin en loin, et alors encore il les recevait avec cette impassible résignation que ses premiers malheurs lui avaient donnée. Mais le jour où il se rendit au bourg, il était déjà moins disposé à se laisser insulter, tandis que les fâcheuses dispositions des habitants contre lui s'étaient accrues par des raisons dont on jugera bientôt.

Quand Brutus parut à l'entrée de la grande rue de Bourgoing, les rares habitants qui s'y trouvaient s'arrêtèrent pour le regarder passer, puis se rejoignirent pour se le montrer au doigt et chuchoter entre eux d'un air indigné; il n'en vit rien, tant il marchait leste et joyeux.

Mais il n'était pas encore arrivé chez le cordonnier où il allait, que déjà deux ou trois groupes s'étaient formés et que les ménagères, restées dans les maisons, s'étaient enquises du sujet de ces colloques animés, et en moins d'un quart d'heure on savait dans tout le village que Brutus y avait paru. Cependant cette petite rumeur n'eût peut-être pas eu d'autres résultats que d'exciter à un plus haut degré les caquets qu'on faisait sur son compte, sans la grave circonstance des bottes.

Quelques curieux passèrent devant la boutique et virent Brutus attelé de ses deux bras à une paire de bottes à la Souvarow, qu'il ne pouvait faire entrer malgré tous ses efforts.

Tout aussitôt un de ceux qui avaient assisté à cet étrange spectacle courut aux groupes déjà plus nombreux de la place du Marché, pour leur faire part de cette importante nouvelle.

— M. Brutus achète des bottes!
— Ce n'est pas possible?
— C'est comme ça.
— Je ne le croirai que quand je l'aurai vu.

Ceci fut dit par un grand garçon de charrue, espèce de tyran champêtre qui avait fait un sceptre de son poing!

— Bon, dit un gamin, voilà Grand-Louis qui s'en mêle. Ça sera amusant.

Tout le monde partagea l'opinion du gamin, car tout le monde suivit Grand-Louis.

— Qu'est-ce que tu vas faire? lui disait-on de tous côtés.

— Rien, répondait-il en se carrant sur ses hanches, rien; je vais voir.

— Bon! repartit le gamin, il va lui donner une *rouffle*.

Grand-Louis entendit le mot et sourit au gamin.

Une jeune villageoise murmura à demi-voix :

— Oh! j'ai peur.

Mais elle suivit Grand-Louis de plus près, tandis qu'une autre lui disait en la rappelant :

— Bah! ce n'est pas la peine d'y aller, il n'y aura rien.

— Viens voir tout de même! Et elles y allèrent toutes deux.

Tout d'un coup cette bande de quinze à vingt personnes s'arrêta devant la boutique du cordonnier, dans laquelle Grand-Louis entra tout seul. Brutus fut très surpris de cette apparition; mais il était à mille lieues de s'en croire le sujet.

Cependant Grand-Louis se planta devant lui et se mit à le regarder en ricanant, tandis que les autres curieux obstruaient la porte et la fenêtre.

— Il paraît, dit Grand-Louis, qu'on gagne gros au nouveau métier que vous faites?

Brutus continua à tirer ses bottes.

— Ce n'est pas au métier qu'il fait, dit une

voix de femme, c'est à celui que fait sa sœur qu'on gagne gros.

Brutus ne répondit pas davantage; Grand-Louis continua :

— Ma foi, que ce soit l'argent du père ou l'argent du fils, c'est toujours du bien mal acquis.

A cette dernière parole seulement Brutus se releva et repartit, mais avec un reste de cette crainte qu'il n'avait pas encore secouée :

— Il n'y a de bien mal acquis que celui qui est volé, et il n'y a pas de voleur chez nous, entendez-vous?

— Il n'y a pas de quoi s'en vanter, reprit Grand-Louis, et j'aime encore mieux une voleuse qu'une..

Le mot fut prononcé; car les scrupules de langage ne sont pas encore descendus au village, et la signification du mot n'était pas douteuse.

— De qui parles-tu? s'écria Brutus, la pâleur sur le visage.

Le regard et l'accent de Brutus avaient interdit Grand-Louis; mais une femme répondit pour lui :

— Est-ce que vous croyez qu'il existe à Bourgoing une autre fille que votre sœur capable de faire ce qu'elle fait ?

— Et qu'est-ce qu'elle fait donc? dit Brutus en jetant autour de lui des regards menaçants.

— Allez le demander à M. Hector de Lugano, il vous le dira, répondit-on d'un côté.

— Il le demande comme s'il ne le savait pas ! s'écria-t-on d'un autre.

Puis de toutes parts :

— C'est ça qu'il ne leur laisse pas la maison libre tous les jours !

— Vendez-lui de bonnes semelles au maître d'école, pour qu'il ne prenne pas d'humidité pendant qu'il est dehors et qu'ils sont dedans !

— C'est une honte pour le pays !

— Et ça met des bottes par-dessus le marché !

Et mille autres propos qui pleuvaient sur la tête de Brutus, que Grand-Louis considérait toujours en ricanant, sans trop savoir comment il pourrait entamer une querelle avec lui ; mais Brutus lui en donna vite l'occasion en s'écriant :

— Ceux qui disent ça sont de la canaille !

Ce fut un haro général au milieu duquel s'éleva la voix du Grand-Louis disant :

— Je le dis, moi ! et je voudrais bien savoir si tu m'appelleras canaille ?

Encore une fois, l'abaissement dans lequel avait vécu Brutus fut plus fort que lui ; il jeta de côté les bottes qu'il essayait, il reprit ses souliers en disant d'un air sombre :

— Voyons, laissez-moi tranquille !

Il y avait, disons-nous, dans cette parole de Brutus un reste de ce sentiment par lequel il laissait prendre à tout le monde le droit de le molester sans raison, car il s'était imaginé que ce qu'on lui disait était tout simplement une grossière plaisanterie inventée pour le faire enrager, et il ne voulait pas prêter le flanc à la méchanceté des villageois en discutant avec eux.

Il quitta la boutique, mais on le suivit dans la rue, et Grand-Louis lui cria :

— N'allez donc pas si vite, vous pourriez les déranger.

Brutus haussa les épaules, puis tout d'un coup il poussa une espèce de cri, se frappa le front et s'arrêta.

La foule se recula de lui comme d'un fou. Véritablement il avait le visage bouleversé, et cette fois il regardait autour de lui d'un air hagard et incertain ; enfin il rencontra le visage de Grand-Louis, il marcha droit au paysan :

— C'est toi, lui dit-il, c'est toi qui as dit que Rosalie était...

Encore une fois Grand Louis eut peur ; il répondit en balbutiant :

— J'ai dit, j'ai dit que M. Hector passe toutes ses journées avec elle dans la maison, et que le soir ils vont se promener ensemble dans les chemins.

Brutus baissa la tête ; en effet, ce qui l'avait arrêté tout à coup, c'était le souvenir de ce que lui avait dit Paméla et des informations qu'elle l'avait chargé de prendre pour savoir ce que faisait son futur époux qui quittait le château tous les jours, et c'est cette conduite d'Hector qui venait d'être expliquée d'une manière accablante pour le maître d'école.

Le fait lui apparut d'une si grande vérité, qu'il baissa le front comme un homme anéanti. Peut-être fût-il resté là une heure immobile, abîmé sous le poids de cette pensée, si l'on n'était pas venu l'y arracher.

Grand-Louis avait repris courage devant la stupeur de Brutus, et il lui dit insolemment :

— C'est comme ça que ça se passe, et c'est comme ça que les gueux deviennent assez riches pour acheter des bottes, quand les honnêtes gens vont pieds nus !

— Eh bien ! s'écria Brutus, puisque c'est toi qui l'as dit, tu le répéteras devant elle ; et si c'est vrai, nous verrons !

Il prit Grand-Louis pour l'entraîner ; celui-ci se dégagea en répondant :

— J'irai si ça me plaît !

— Je te dis que tu viendras ! lui dit Brutus en le prenant à la gorge et en le tirant après lui.

— Voulez-vous me laisser ! voulez-vous me laisser ! s'écriait Grand-Louis, qui malgré sa force ne pouvait résister au bras de fer qui le tenait.

— Viens donc ! viens donc ! répondait Brutus qui le tirait toujours en le faisant avancer malgré lui.

Cependant Grand-Louis se défendait en allongeant des coups de pied à Brutus.

Au bout de quelques pas il trébucha et tomba ; mais cela n'arrêta pas Brutus qui se mit à le traîner comme il eût fait d'un enfant. A ce moment Grand-Louis se mit à crier :

— Au secours ! il m'étrangle, à l'assassin!

Les femmes et les enfants poussèrent des cris d'épouvante. Brutus était effrayant ; les yeux lui sortaient de la tête, une pâleur livide couvrait son visage, et quelques hommes ayant essayé de l'arrêter, il les renversa avec violence.

Alors tout se mit à crier, à hurler autour de lui. Le reste de la population qui n'était pas aux champs se précipita aux portes et aux fenêtres, et Brutus parcourut un bon tiers du village au milieu d'un désordre et d'une épouvante pareils à ceux que jetterait la présence d'un loup enragé. Grand-Louis hurlait en se tordant, mais Brutus l'eût sans doute traîné ainsi jusqu'à sa maison si le curé, attiré par ce bruyant tumulte, n'était sorti de chez lui et ne se fût placé devant Brutus.

A l'aspect du vieillard qui avait été son bienfaiteur, le forcené s'arrêta.

— Qu'est-ce que cela? dit le prêtre.

Mille voix lui répondirent, toutes accusant Brutus de crimes qui pouvaient se résumer ainsi :

— Oui, il veut tuer Grand-Louis parce que celui-ci a voulu lui faire honte de l'inconduite de sa sœur!

Et les épithètes ne manquaient ni à Rosalie ni à Brutus.

— Vous les entendez, monsieur ! vous les entendez ! dit Brutus.

— Oui, il faut les chasser du village ! disaient les femmes.

— Il faut l'assommer ! disaient les hommes.

Mais Brutus n'était plus un homme à assommer. Il ne répondait plus que par un coup d'œil à ces menaces, mais il y avait maintenant dans ce coup d'œil un dédain et une force qui eussent arrêté les plus intrépides.

Le curé cherchait à calmer la fureur braillarde des paysans, mais n'y pouvant parvenir, il essaya de mettre un terme à cette scène en faisant entrer Brutus chez lui. C'était le seul moyen d'en finir, du moins pour le moment, mais on lui cria qu'il lui faudrait bien sortir tôt ou tard, et qu'on l'attendrait à la sortie.

Brutus ne prit point garde à ces propos, il n'était inquiet que du silence du curé, qui n'avait pas démenti l'accusation portée par les paysans.

Cependant, revenu de ce premier mouvement où elle lui était apparue comme une certitude, il essayait d'en douter encore, et il dit au vieillard, d'un air triste et résigné :

— Mais qu'est-ce que je leur ai fait pour me dire des infamies comme ça ?

— Certes, répondit tristement le curé, ils ont eu tort de te le dire en t'insultant, mais enfin, c'est la vérité.

— La vérité ? répéta Brutus.

— Oui, tous les jours M. Hector va chez Rosalie pendant que tu n'y es pas, et il y demeure jusqu'au soir.

— Eh bien ! après? dit Brutus.

— Après? dit le curé tristement. Je voudrais croire qu'il n'y a rien de mal dans tout cela, mais ça n'est guère possible. Un homme comme M. de Lugano ne va pas chez une pauvre fille comme Rosalie pour le plaisir de causer avec elle.

Brutus ne concevait pas trop cela dans sa naïve honnèteté, mais le curé ajouta :

— Est-ce que tu connaissais ces visites ?

— Non, c'est la première fois que j'en entends parler.

— Eh bien, mon pauvre Brutus, on ne se cache guère que pour mal faire.

Cette raison rendit à Brutus sa conviction, mais non plus sa colère, et il se laissa tomber sur une chaise en pleurant et en disant :

— Ah! mon Dieu, mon Dieu! est-ce bien possible!

— Le mal n'est peut-être pas sans remède.

— Mais, monsieur le curé, qu'allons-nous devenir? où voulez-vous que nous nous cachions? Quel malheur, mon Dieu ! quel malheur!...

C'était bien toujours l'homme misérable habitué à souffrir, et qui retombait sur lui-même sans penser à accuser. Il n'avait pas encore une pensée de malédiction pour sa sœur ni une idée de vengeance contre Hector.

— Il faut parler à Rosalie, lui dit le curé, il faut lui faire des remontrances.

— Elle ne m'écoutera pas, monsieur, elle ne m'écoutera pas ! Vous devriez venir la prêcher, vous. Oh ! je vous en prie, venez ! Que voulez-vous que je lui dise, moi ?

— Eh bien, soit, j'irai demain la voir, je lui parlerai !

— Oui, il n'y a que vous qui puissiez la sauver.

Le curé leva les yeux au ciel ; il lui sembla qu'il n'y avait rien à dire à un frère qui n'avait pas une plus haute idée de ses droits sur sa sœur, et il lui promit alors d'y aller le lendemain.

Brutus le quitta que la nuit était déjà venue.

Il s'en alla lentement, le désespoir dans l'âme, et décidé à ne rentrer que fort tard dans la nuit, à l'heure où il ne pourrait pas voir Rosalie. Il gagnait déjà un sentier détourné qui devait le conduire vers la colline où il allait tous les soirs, lorsqu'il fut tout à coup assailli par cinq ou six hommes armés de bâtons, qui l'attaquèrent avec une telle violence qu'il était tombé évanoui avant d'avoir pu se défendre.

La nuit était avancée lorsqu'il revint à lui. Le souvenir de ce qui s'était passé au village ne lui revint que très confusément, mais il reconnut Coclès qui lui léchait les mains et le visage. Il se releva comme un homme ivre et regagna sa maison en chancelant.

La fièvre battait dans son cerveau et il n'avait véritablement conscience ni du passé, ni du présent, lorsque, arrivé au pied du petit escalier qui menait à sa chambre, il crut entendre le bruit d'une fenêtre ; il regarda, et il lui sembla qu'un homme sortait de la chambre de Rosalie. Coclès aboya avec fureur, la voix de Rosalie cria :

— Ici, Coclès, ici !

Le chien se tut, l'homme disparut, la fenêtre se ferma, et Brutus, de nouveau épuisé de fatigue et du sang qu'il perdait, tomba encore sur le sol.

VII

Au jour levant, Brutus était encore évanoui au pied de l'escalier qui conduisait à sa chambre.

Cependant deux ou trois paysans étaient passés rapidement en jetant un regard furtif du côté de la maison, mais ils s'étaient éloignés plus rapidement encore en voyant ce corps sanglant gisant sur la terre. Ceux-là sans doute faisaient partie des misérables qui avaient attaqué Brutus, et ils venaient savoir ce qui se passait dans sa maison, quels cris, quel tumulte, quel désordre ce malheur y avait apporté.

Grand-Louis, plus imprudent que les autres, s'était même arrêté à quelque distance de la demeure de Brutus. Blotti derrière une haie, il regardait avec une attention extrême dans l'intérieur du verger.

C'est qu'au moment de s'éloigner il avait entendu ouvrir une porte, et qu'il était intéressé à apprendre si le crime auquel il avait sans doute participé était irréparable, et à quel article du Code pénal il devait appartenir d'après ses résultats. Chacun est bien aise de prendre ses précautions en pareille circonstance, et les paysans n'ont pas besoin de maître d'école pour savoir ce que vaut un meurtre qu une volée de coups de bâton.

Alors Grand-Louis fut témoin d'une scène tout à fait extraordinaire.

La mère de Brutus était sortie de la maison comme elle en avait l'habitude pour se promener de grand matin.

Dans les premiers temps de son séjour à Bourgoing, elle sortait indifféremment à toutes les heures du jour, et ç'avait été un grand divertissement pour les enfants du village de venir l'épier, de rire d'abord en la voyant marcher d'un pas rapide et avec des gestes et des mots désordonnés, puis, quand cet amusement n'était plus assez vif, de lui jeter des pierres pour l'agacer et *la faire courir :* c'était le mot consacré.

En effet, un jour, une de ces pierres ayant atteint la pauvre femme à la tête, elle porta la main à l'endroit frappé et la retira pleine de sang. A cet aspect elle s'était mise à fuir en poussant de grands cris, et il avait fallu toute l'agilité de Brutus pour la rattraper et toute sa force pour la ramener dans la maison.

Depuis ce temps, par un reste d'instinct de prudence, la folle ne sortait que lorsqu'elle se croyait seule ; d'ailleurs elle n'excitait plus de curiosité : le jeu de la folle était passé de mode au village, et quand on l'apercevait le matin dans le verger, on la laissait errer tranquille.

Ce jour-là comme les autres, elle prit la première allée qui se présenta devant elle, et marcha pendant quelque temps à travers le verger, avec cette rapidité indifférente qui caractérise l'allure de certains fous, et qui montre que l'aspect des objets extérieurs ne leur apporte ni sensations ni idées.

Ce fut après dix minutes de cette promenade que Grand-Louis la vit s'engager dans l'allée qui devait la mener directement à l'endroit où son fils était resté mourant. Grand-Louis se redressa pour épier l'impression qu'un pareil spectacle allait faire à cette malheureuse femme et pour s'assurer de l'état de Brutus ; mais il vit la folle arriver jusqu'auprès de ce corps, le regardant un moment, puis reprendre sa marche comme si elle eût aperçu une plante ou une pierre qui se fût trouvée sous ses pieds.

Cependant on eût pu remarquer que le désordre de son geste s'était calmé, que sa marche était moins rapide ; après quelques pas dans une direction qui devait l'éloigner du corps de Brutus, elle s'arrêta tout à coup, et revint d'elle-même vers cet objet qui lui avait semblé si indifférent.

Alors elle s'arrêta et le regarda avec plus d'attention, puis Grand-Louis l'entendit crier comme quelqu'un qui veut en éveiller un autre :

— Brutus !... Brutus !...

Rien ne répondant à cet appel, la folle s'éloigna encore, comme si tout ce qu'elle pouvait donner d'attention à un pareil spectacle fût épuisé; mais il paraît toutefois qu'elle en avait une conscience confuse, car elle s'arrêta de nouveau et revint encore une fois à la même place.

Cette fois elle se pencha sur le corpe immobile de Brutus et le secoua assez rudement, mais le toucher ne produisit pas plus d'effet que la voix, elle se releva encore pour s'éloigner ; ce fut à ce moment qu'en regardant ses mains elle s'aperçut qu'elles étaient pleines de sang. Aussitôt cette vue lui rendit ce délire furieux qui l'avait saisie dans une circonstance pareille, et elle se prit à pousser des cris déchirants en s'enfuyant avec rapidité du côté des collines, et en répétant d'une voix effrayante :

— Mort! mort! mort!

Elle passa près de Grand-Louis qui l'entendit, et qui s'éloigna furtivement en disant :

C'est bon! le maître d'école est mort, et la vieille folle passera pour l'avoir tué.

Il ne se dit pas : « Au besoin, je l'en accuserai, » mais il ne fallait pas qu'il eût besoin de ce mensonge pour sa défense, car il n'eût pas hésité à le prononcer après tous les serments possibles de dire la vérité, rien que la vérité, toute la vérité.

Cependant les cris de sa mère avaient

éveillé Rosalie, elle était sortie de la maison et avait vu son frère étendu par terre.

Il y a des spectacles devant lesquels les premiers mouvements de l'âme sont à peu près les mêmes chez tous les individus. Quelque froid, quelque sec que soit un cœur, il s'émeut et s'anime lorsqu'il est frappé par un coup si violent et si inattendu.

Rosalie, à l'aspect de son frère, fut frappée de pitié et d'épouvante, et oubliant les cris de sa mère, elle essaya de le relever, ses efforts furent inutiles : alors elle appela au secours, et tandis que quelques paysans quittaient la route pour accourir à la maison d'où partaient les cris, elle parvint à tirer Brutus de son évanouissement en lui jetant de l'eau froide au visage. Les paysans étant enfin arrivés près de Rosalie, elle put s'occuper de sa mère, elle parcourut tout le jardin en l'appelant.

Quelqu'un lui apprit qu'on venait de la voir s'enfuyant à travers la campagne, et Rosalie expédia plusieurs paysans à sa recherche, en leur promettant de les payer largement quand ils la lui ramèneraient. Pendant ce temps on avait transporté Brutus dans la maison.

Mais Rosalie avait donné à son frère tout ce qu'elle avait de pitié et de sensibilité ; en effet, il était revenu à lui, il n'était pas mort, et elle trouva mauvais qu'on l'eût établi dans sa chambre et couché sur son lit. Elle parlait déjà de le faire monter dans son grenier, lorsque le curé arriva, il savait déjà l'accident de Brutus, et avait amené le médecin.

Les blessures du maître d'école n'avaient rien de dangereux, la perte de sang l'avait seule plongé dans ce long évanouissement, et le médecin affirma que ce n'est pas une chose rare que de voir les hommes les plus vigoureux céder à la moindre émission sanguine et perdre entièrement connaissance.

Cependant cette visite parut contrarier Rosalie ; mais elle n'osa montrer son mécontentement, et elle espéra que la visite serait courte et qu'elle serait bientôt débarrassée de la présence du curé et de celle de son frère ; mais M. Durand demeura, et après avoir éloigné tout le monde, il annonça à la jeune fille qu'il avait une explication à lui demander.

Le curé avait dit cela d'une voix sévère où paraissait déjà la gravité du sujet qu'il avait à traiter. Rosalie en eut peur, et croyant détourner cette explication, elle dit assez cavalièrement :

— Vous feriez mieux de demander à Brutus quelle sottise il a faite au village pour se faire traiter ainsi !

— Vous ne le savez pas ? lui dit le curé.

— Qui voulez-vous qui me l'ait appris ? répliqua Rosalie.

— Votre conscience, reprit solennellement le curé.

Le mot sentait un peu le prêche fait aux petits enfants, et Rosalie regarda très impertinemment le curé en répétant :

— Ma conscience?

— Oui, repartit M. Durand, qui cette fois fut plus explicite, car les fautes des sœurs retombent sur les frères, et le malheur qui est arrivé à Brutus est le résultat de votre mauvaise conduite.

Alors il raconta à Rosalie tous les propos qu'on avait tenus sur son compte. Il lui apprit que c'était à cause d'elle qu'on avait injurié Brutus, il lui dit comment son frère avait accueilli ces propos, et comment il avait voulu en tirer vengeance en traînant Grand-Louis jusque devant elle.

Le curé s'imaginait qu'il avait confondu Rosalie, et que la malheureuse fille allait tomber tremblante et pleine de repentir à ses pieds. Il dut donc être surpris lorsqu'elle lui dit d'un ton résolu :

— Et puis après, qu'eût-il fait s'il l'avait traîné jusqu'ici ?

— Ce que j'eusse fait ? s'écria le maître d'école qui s'était relevé et qui écoutait d'un air sombre le récit du curé, ce que j'eusse fait ? S'il avait menti, je l'aurais étranglé sans miséricorde.

— Brutus ! dit le curé sévèrement.

— Ou je l'aurais forcé à demander pardon, à genoux, de ses infamies, ajouta Brutus d'un ton plus soumis.

— Et s'il n'avait pas menti, dit effrontément

Rosalie, est-ce moi que tu aurais étranglée ou à qui tu aurais fait demander pardon?

Brutus regarda le curé, le curé regarda Brutus; le jeune homme et le vieillard demeurèrent désorientés en face de cette impudente résolution. Brutus fut le premier qui s'arracha à cette espèce de stupeur, et il répondit :

— Mais, s'il n'avait pas menti, il aurait dit la vérité.

A cette naïveté échappée à l'indignation qu'éprouvait Brutus, Rosalie se mit à ricaner, et repartit :

— Voilà qui est parfaitement sûr!

Mais Brutus n'était pas en humeur de se laisser traiter comme un enfant, et pour la première fois de sa vie il dit à sa sœur, avec une autorité qui l'étonna :

— C'est que, s'il a dit la vérité, c'est qu'il n'a pas menti, tu as déshonoré ton nom et le mien !

Rosalie répondit par un nouveau ricanement, puis elle ajouta :

— Et où voyez-vous ça?

— Que vient faire ici M. de Lugano tous les jours? dit Brutus en avançant vers sa sœur.

— Eh bien, il vient me voir, repartit Rosalie en le toisant des pieds à la tête.

— Et pourquoi vient-il te voir? s'écria Brutus en s'approchant tout à fait de sa sœur.

— Probablement parce que cela lui plait et à moi aussi, répondit Rosalie avec la même insolence.

— Mais ça ne me plait pas, à moi, et je te jure qu'il ne remettra pas les pieds ici.

— Et qui l'en empèchera ?

— Moi, s'écria Brutus, qui, dominant Rosalie de toute la tète, la tint un moment immobile et vaincue sous son regard.

Elle ne répondit pas et parut céder à une volonté plus puissante que la sienne. En effet, l'accent de Brutus avait quelque chose de trop déterminé pour que Rosalie ne comprit pas qu'il était poussé en ce moment par une force particulière. Cette force, elle était loin de la supposer personnelle à son frère; elle crut qu'il la devait aux conseils du curé, et pensa que, dès que celui-ci se serait retiré, elle reprendrait aisément son ascendant et que Brutus retomberait dans cette obéissance apathique dont elle ne l'avait jamais vu sortir. Toutefois, comme elle ne voulait pas que son silence fût accepté comme un acte de soumission complète, elle reprit d'un air de victime :

— Est-il possible de traiter ainsi une pauvre fille, parce qu'elle reçoit, au vu et au su de tout le monde, un jeune homme qui veut l'épouser ?

— Vous épouser ? dit le curé.

— T'épouser ? répéta Brutus.

— Et vous avez cru cela ? reprit M. Durand d'un air stupéfait.

— Dame ! il me l'a dit, fit Rosalie en pleurant ou du moins en essuyant ses yeux assez rudement pour les rendre rouges.

— Tu savais pourtant, lui dit Brutus, qu'il devait épouser sa cousine, je te l'avais dit.

— Mais s'il me préfère à mademoiselle Paméla, ce n'est pas ma faute! s'écria Rosalie en éclatant en fausses larmes.

— Mais, que va dire M. le comte? reprit Brutus d'un air désolé.

Le curé lui fit signe de le suivre et l'emmena dans le jardin.

— Brutus, lui dit-il dès qu'ils furent seuls, il faut être honnête homme jusqu'au bout, il faut aller chez M. de Lugano et lui avouer tout. Son autorité seule peut empêcher son fils de rentrer dans ta maison.

— Je n'oserai pas, dit le jeune homme.

— Ne pas l'avertir, repartit le curé, ce serait justifier les soupçons des habitants qui prétendent que tu savais cette intrigue et que tu en profitais.

— Mais il me renverra et je perdrai ma place!

— C'est un sacrifice que tu dois faire à ton honneur.

— Mais moi, je n'ai rien fait de mal!

— Pourquoi as-tu quitté ta place de maître d'école? lui dit le curé. Pourquoi as-tu voulu être plus que tu n'étais? C'est ton ambition qui vous a perdus. Jamais M. Hector de Lugano n'aurait pensé à ta sœur si tu n'avais pas été chez son père.

Il est des êtres destinés à être accusés, c'est un état qu'on leur fait, et lorsqu'ils l'acceptent comme Brutus, les hommes les plus justes se laissent aller à les blâmer comme les autres. C'est si commode de faire de la morale sententieuse qui n'est point discutée ! Cela donne une haute idée de sa sagesse et de son éloquence ; les hypocrites le savent si bien, qu'ils trompent souvent les plus habiles et les plus vertueux, en leur disant : « Je comprends ma faute maintenant; votre parole m'a éclairé et je suivrai vos conseils » Le lendemain ils recommencent leurs méfaits, mais éclairés par une nouvelle lumière, ils se repentent encore, puis ils recommencent à mal faire le lendemain, et ce n'est presque jamais qu'après de longues années d'épreuves qu'on finit par être bien persuadé que l'autorité et la persuasion qu'on se suppose n'existent pas, et que le triomphe qu'on atteint n'est qu'une comédie qui a pour complice notre vanité. Toutefois ce n'est pas de cette façon que Brutus se laissa persuader, il y avait de la foi, sinon de la conscience, dans le repentir qu'il éprouvait. Il croyait encore plus aux autres qu'en lui-même, et du moment qu'un homme comme M. Durand lui traçait son devoir, Brutus se fût cru coupable d'hésiter à l'accomplir.

— Soit, dit-il, mais, puisqu'il en est ainsi, il vaut mieux en finir tout de suite, je vais chez M. le comte.

Alors seulement Brutus s'aperçut qu'il n'était pas dans un état présentable, et après avoir promis au curé de rester fidèle à sa résolution,

il rentra dans sa chambre pour rétablir un peu
le désordre de sa toilette. Il redescendit bientôt, mais Rosalie, qui avait entendu les conseils que le curé avait donnés à Brutus, l'attendait de pied ferme au bas de son escalier, et lorsqu'il parut, brossant son chapeau avec la manche de son habit, elle lui dit hardiment :

— Où vas-tu comme ça ?
— Je vais où il me plaît.
— Je veux le savoir, dit Rosalie.

Brutus la regarda de travers et passa devant elle sans lui répondre.

— Je te dis que tu ne sortiras pas, s'écria Rosalie, sans m'avoir dit où tu vas !

Brutus sentit se remuer en lui cette violence brutale qui ne connaissait pas de bornes quand elle éclatait, et il répondit en s'éloignant :

— Je vais où j'ai affaire !
— Tu vas aller dépenser ton argent et recommencer quelque nouvelle querelle, et tu oublies notre pauvre mère qui s'est échappée ce matin et qui mourra de faim dans la campagne.

— Est-ce vrai ? s'écria Brutus en revenant sur ses pas.

Brutus avait déjà jugé sa sœur, car il se précipita dans la maison, entra dans la chambre de sa mère, dans celle de Rosalie pour s'assurer de la vérité. Une heure avant il l'eût crue au premier mot.

— Et tu ne me l'as pas encore dit! s'écria-t-il en menaçant Rosalie lorsqu'il eut reconnu l'absence de sa mère.

— Vous étiez si pressé de faire votre morale, que je n'ai pas eu le temps.

— Et tu ne l'as pas suivie, toi !

— Est-ce que je sais où elle est ? répliqua Rosalie.

Cette odieuse indifférence dépassait de trop loin tout ce que Brutus pouvait imaginer de honteux ; il faut comprendre le mal pour le discuter ; d'ailleurs, il n'avait plus qu'une pensée, celle de sa mère, et il partit avec rapidité dans la direction que lui indiqua Rosalie.

Il monta sur la plus haute colline des environs pour voir au loin, et eut bientôt découvert sa mère courant dans une vallée, poursuivie et traquée par une douzaine de paysans. Brutus se sentit pris de pitié et de colère à cet aspect, car les misérables avaient presque fait un jeu de cette poursuite. Ils entouraient la fugitive de loin en se resserrant et en jetant des pierres du côté où elle voulait passer, pour l'arrêter et l'épouvanter. Brutus poussa des cris pour les faire cesser, mais il sembla que sa mère seule entendît sa voix, car aussitôt, au lieu d'aller et de venir d'un côté à l'autre, s'arrêtant quand elle voyait un paysan s'avancer vers elle et revenant sur ses pas, elle prit un élan rapide, comme si cette voix eût été un aiguillon qui la pressait, elle échappa à ce cercle qui commençait déjà à se resserrer, et parut bientôt au sommet d'une colline voisine.

Brutus descendit dans la vallée et dit aux paysans qu'il se chargeait seul du soin de ramener sa mère.

Alors il commença une de ces poursuites patientes que le cœur rend ingénieuses. Comme il voyait sa mère s'éloigner à mesure qu'il approchait, il renonça à l'atteindre, mais il dirigea pour ainsi dire sa fuite. Il lui faisait obstacle quand elle voulait s'éloigner du côté de la campagne, et la poussait lentement en avançant pas à pas lorsqu'elle prenait le chemin du village.

Plus de deux heures se passèrent dans ce manège, et les forces de Brutus commençaient à se perdre lorsqu'il parvint à mener sa mère jusque sur la grande route. Il espéra qu'arrivée là elle suivrait d'instinct ce chemin battu, et que, parvenue en face de sa maison, ce même instinct l'y ramènerait.

En effet, la folle, quoiqu'elle regardât souvent derrière elle, marcha quelque temps sans paraître vouloir s'échapper. Cependant il lui fallait passer devant la grande avenue du château de M. de Lugano, et lorsqu'elle fut en face de cette avenue elle s'arrêta. Brutus s'arrêta aussi.

La folle regarda longtemps la grille qui fermait cette avenue, le château qu'on voyait au fond, et demeura immobile. Brutus fit quelques pas pour la décider à continuer; mais au lieu de suivre son chemin, sa mère entra dans l'avenue et marcha droit au château. Brutus accourut rapidement pour fermer la grille derrière elle et l'empêcher de sortir du parc où il serait plus facile de s'en emparer.

A peine était-il arrivé à cet endroit qu'il entendit un cri perçant et qu'il vit accourir vers lui Paméla éperdue, que la folle poursuivait avec fureur.

La jeune fille tomba presque défaillante dans les bras de Brutus, en disant :

— Qui est ça, mon Dieu ! qu'est-ce que c'est que cette femme ?

La folle s'était arrêtée à quelques pas de son fils, en regardant toujours Paméla d'un air menaçant.

— Hélas! dit Brutus, c'est ma mère, ma pauvre mère qui s'est échappée, et que je voudrais ramener à la maison.

Paméla ne quittait pas la folle des yeux, fascinée par ce regard ardent qui restait attaché sur elle.

— Oh! monsieur, lui dit la jeune fille, défendez-moi, j'ai peur !

— Rendez-moi ma robe, s'écria la folle, je veux ma robe !

Elle avança en parlant ainsi, Paméla se cacha derrière Brutus, et sa mère s'arrêta.

Alors il sembla que l'idée d'avoir cette robe l'abandonnait tout à coup, et elle reprit sa marche et alla droit au château ; Brutus et Paméla la suivaient avec anxiété.

Lorsque la folle fut entrée dans la cour d'honneur, quelques domestiques l'aperçurent et bientôt toute la valetaille fut sur pied autour d'elle.

— Oh ! mademoiselle, fit Brutus, dites qu'on ne lui fasse pas de mal.

Paméla avança, et cria de sa douce voix :

— Ne la touchez pas ! laissez-la faire !

La mère de Brutus, comme si elle n'avait pas entendu, continua à marcher à travers les domestiques, qui s'éloignaient d'elle avec épouvante, et entra dans le salon. Tout le monde se mit aux fenêtres et aux portes pour a regarder.

Elle parcourait le salon avec un air imposant, puis elle examina toutes choses avec une curiosité particulière ; seulement, un rire saccadé et joyeux lui échappait quand elle rencontrait quelque objet élégant. Elle alla ainsi de meuble en meuble, jusqu'à ce qu'elle arrivât en face du piano ouvert. Elle s'y assit et y posa les mains ; le bruit confus que rendit l'instrument la fit tressaillir : elle retira ses mains avec effroi, puis elle y toucha de nouveau, comme si elle allait mettre la main sur un fer rouge ; elle écouta longtemps la vibration du son, puis elle descendit une gamme en la frappant d'un seul doigt.

Ce rire de joie qu'elle avait déjà laissé échapper plusieurs fois éclata alors avec vivacité, et elle recommença plusieurs fois, puis elle mit les deux mains sur le piano et joua quelque chose de confus, mais où l'on sentait la forme d'un air promené à travers cent fausses notes.

Cependant peu à peu cet air parut se mieux dessiner; bientôt il prit sa mesure, son rhytme, sa mélodie, et tout le monde put reconnaître le fameux air : *Ah! ça ira, ça ira, les aristocrates à la lanterne!* joué avec une netteté remarquable.

La folle accompagnait cet air de ce rire aigu et saccadé que nous avons dit, et, à mesure que cet air se dessinait mieux, ce rire devenait plus bruyant, et enfin elle arriva à jouer cette mélodie féroce avec une fureur à briser le piano, tandis qu'elle se tordait dans ce rire convulsif qui éclatait mêlé de cris furieux. Tout le monde était dans une horrible attente lorsque M. de Lugano entra tout à coup, pâle, les yeux hagards, et dit d'une voix brève :

— Qu'est cela ?

A ce mot la folle s'arrêta, poussa un cri, et tomba sur le parquet, comme si elle avait été frappée de la foudre.

VIII

A l'aspect de cette misérable femme évanouie, le comte de Lugano était demeuré un moment immobile, les regards attachés sur elle.

Ses traits, dont le calme habituel n'était guère troublé que par un léger sourire d'ironie ou de dédain, étaient tout bouleversés. Une pâleur livide, qui témoignait d'une profonde terreur, était répandue sur son visage, tandis que la contraction de sa bouche et le frémissement de ses lèvres décelaient comme un désir féroce de s'élancer sur ce corps inanimé et de le fouler aux pieds. Cette expression de sa figure était si effrayante que tous les spectateurs de cette scène restaient immobiles aussi, les yeux fixés sur le comte qui contemplait toujours la folle.

Enfin il releva la tête, et tous les yeux se baissèrent devant le regard ardent et interrogateur, qu'il promena autour de lui. Il arriva ainsi jusqu'à Paméla et le maître d'école, pressés l'un contre l'autre.

— Qu'est-ce que cela? dit-il d'une voix étouffée, en montrant du doigt cette femme gisante à ses pieds.

Paméla s'avança vivement vers son oncle. Elle voulut sauver à Brutus le premier choc de cette colère qu'elle voyait éclater sur le visage du comte, et ne supposant pas qu'elle pût avoir d'autre cause que l'esclandre qui venait d'avoir lieu, elle lui répondit doucement :

— Hélas ! mon oncle, c'est une pauvre folle qui s'est échappée de sa maison, et qui en fuyant est entrée par hasard dans la cour du château, puis dans le salon.

Le comte jeta un nouveau regard sur cette femme, et repartit brusquement :

— Une folle, en êtes-vous sûre ?

Brutus s'avança à son tour et répondit :

— C'est ma mère, monsieur le comte ; vous savez ?... ma mère...

M. de Lugano passa la main sur son front, et répondit comme s'il avait peine à reprendre ses souvenirs :

— C'est vrai, c'est vrai, vous m'aviez dit que votre mère était folle !... Oui, je m'en souviens ; mais vous ne m'aviez pas dit que ce fût à cette époque qu'elle devint folle.

Personne ne fit attention à cette phrase qui répondait sans doute à une pensée non exprimée de M. de Lugano, mais qui devait vivement le préoccuper.

Déjà le maître d'école avait relevé sa mère et l'avait placée sur un fauteuil.

Les premiers symptômes de son retour à la vie eurent un caractère tout nouveau pour son fils : des sanglots violents sortirent péniblement de sa poitrine, et bientôt des larmes abondantes leur succédèrent, mêlées d'exclamations prononcées d'une voix désolée :

— Oh! mon Dieu ! mon Dieu ! s'écriait-elle, sauvez-moi !

M. de Lugano, penché sur elle ainsi que le maître d'école, l'examinait avec une visible anxiété.

— C'est étrange, dit Brutus, jamais je ne l'ai vue pleurer.

— C'est étrange, en effet, répéta le comte d'une voix sombre, cette femme ici...

— Pardon, dit Brutus, qui ne voyait dans la préoccupation de M. de Lugano que le déplaisir que lui causait la venue d'une folle dans sa maison; pardon, je vais l'emmener.

— Mais elle est incapable de marcher, s'écria Paméla.

— Si vous étiez assez bon, reprit Brutus en s'adressant à M. de Lugano, pour dire à l'un de vos domestiques d'avoir un brancard, je trouverais quelqu'un pour m'aider à la transporter jusque chez nous.

Le comte ne répondit point, et Brutus prit ce silence pour un refus, et il se hâta de dire :

— Elle marchera, elle marchera, et puis après tout, je la porterai bien tout seul.

Il fit un effort pour relever sa mère, mais tout à coup il devint pâle, chancela à son tour, et fut obligé de s'appuyer sur un meuble pour ne pas tomber.

Paméla poussa un cri perçant, et s'élançant vers son oncle, lui cria :

— Mais le voilà qui se meurt aussi!

— Ce n'est rien, dit Brutus, c'est que cette nuit j'ai été blessé... et la fatigue d'avoir poursuivi ma pauvre mère... l'émotion de l'avoir vue là comme morte... Pardon, monsieur le comte, pardon, mademoiselle... mais ça ne sera pas long, nous allons nous en aller.

Pendant que Brutus parlait ainsi, le comte de Lugano le regardait avec une attention, une curiosité dont il eût été impossible de définir le caractère. Puis il répondit à Brutus :

— Ah! oui, je me rappelle aussi, on m'a dit ce matin que vous vous étiez battu avec des paysans.

— Je ne me suis pas battu, reprit gravement Brutus, on a voulu m'assassiner.

— Et pourquoi?

FIN DU TOME PREMIER.

Paris. — Imp. N. Blanpain, 7, rue Jeanne.

Le gérant : A. Soirat.

Imprimé par N. BLANPAIN

le 27 novembre 1886.

www.ingramcontent.com/pod-product-compliance
Lightning Source LLC
Chambersburg PA
CBHW060204100426
42744CB00007B/1158